시민의 정치학

어른들을 위한 민주주의 교과서

| 임춘한 |

프롤로그

대한민국은 민주공화국이다. 대한민국의 주권은 국민에게 있고, 모든 권력은 국민으로부터 나온다.

헌법 제1조는 우리나라를 민주주의 국가로 규정하고 있다. 성숙한 민주주의는 대화와 토론을 전제로 하고, 그 수준은 시민들의 지식수준과 역량에 비례한다. 현재 우리 사회의 모습은 어떠한가. 이념, 지역, 세대, 젠더 등 사회적 갈등은 더욱 복잡해지고 있지만 진정한 대화와 토론은 사라진 지 오래다. 오로지 적과 동지의 구분만이 존재한다. 정치인들은 표를 얻기 위해 사회적 갈등을 오히려 더 부추기고 있다.

당신은 진보인가 보수인가. 대부분의 사람들은 중도라고 답할 가능성이 높다. 우리 사회에서는 정치 성향을 직접적으로 드러내는 것을 매우 꺼리기 때문이다. 그렇다면 중도란 무엇인가. 이 역시 머뭇거리며 답변하지 못하거나 지지하는 정당이 없다고 언급할 것이다. 사실 우리는 정치에 대해 제대로 배워본 적도, 깊이 고민해 본 적도 없다. 그저 특정 정당이 진보이고, 보수라고 인식하고 있는 정도이다. 결국 본인의 정치 성향에 대해 정의도, 설명도 할 수 없는 셈이다. 이는 기본적인 정치적 이론 토대가 갖춰지지 않아서다.

시민의 정치학은 어른들을 위한 민주주의 교과서이다. 지적 대화와 토론을 위해 필요한 최소한의 지식을 전달한다. 정치체제, 정치사상, 정치제도, 국제정치에 대한 기본적인 이론과 현실 정치로의 적용을 다룬다. 정치체제에서는 민주주의와 권위주의에 대해 자세히 알아본다. 정치사상에서는 자유주의, 보수주의, 사회주의 등 현대정치사조의 흐름을 중점적으로 살펴본다. 정치제도에서는 행정부, 입법부, 사법부, 선거 등 다양한 제도를 들여다본다. 국제정치에서는 현실주의와 이상주의 이론을 기초로 여러 쟁점에 대해 생각해 본다.

책을 읽는 순서는 각각 독립된 주제로 구성돼 있기 때문에 어떤 부분을 먼저 읽든 크게 상관이 없다. 다만 전체 내용을 쉽게 이해하기 위해서는 정치체제 파트를 가장 먼저 읽는 것이 좋다. 정치학의 가장 기본인 민주주의에 대한 개념을 명확히 확립하면 다른 분야를 이해하는 데 큰 도움이 된다. 그 이후로는 정치사상, 정치제도, 국제정치 중 본인이 관심 있는 분야로 넘어가도 무방하다. 특별한 관심 분야가 없다면 순서대로 읽는 것을 권장한다.

책의 난이도는 중·고등학교 교과서보다는 어려운, 대학전공서적보다는 쉬운 수준으로 설정했다. 정치학 이론에 대해 전혀 알지 못하는 일반 시민들이 세상을 보는 시각을 넓힐 수 있도록 만들었다. 특히 현실 정치와 뉴스 기사를 이해하는 데 도움이 될 만한 핵심 개념들을 뽑아냈다. 전공서적에서 볼법한 내용들이 다수 포함돼 있지만 최대한 쉽게 접근할 수 있도록 풀어냈다.

목차

Ⅱ 정치사상

III 정치제도

IV

국제정치

I.

정치체제

01

정치와 권력

정치란 무엇인가. 일반적으로 대통령, 국회, 전쟁, 외교, 집회 등을 떠올릴 것이다. 완전히 틀린 말은 아니다. 우리는 일상생활에서 정치 또는 정치적이라는 단어는 많이 쓰지만 사실 명확한 정의를 내린다는 것은 쉽지 않다. 사전적 의미로는 정치인들이 사회의 이해관계를 조정이나 통제하는 일, 개인이나 집단이 이익과 권력을 얻기 위한 활동 등을 일컫는다. 이 역시 굉장히 추상적인 의미로 다가온다. 이처럼 정치라는 용어는 다양한 집단, 사회, 세계 곳곳에서 광범위한 의미와 맥락으로 사용되고 있다.

독일의 정치철학자 칼 슈미트(Carl Schmitt)는 "정치는 적과 동지의 구별이다. 모든 종교적, 도덕적, 경제적, 인종적 또는 그 밖의 대립은 그것이 실제로 적과 동지로 분류하기에 충분할 만큼 강력한 경우에는 정치적인 대립으로 변화하게 된다"고 정의했다. 실제 정치는 어떤 체제나 제도를 채택하고 있든 간에 분명 전쟁과 비슷한 면모가 존재한다. 민주주의 국가는 선거 국면에서 정당을 중심으로 정치인과 지지자들이 똘똘 뭉쳐 상대 정당을 이기기 위해 노력한다. 권위주의 국가에서는 독재자나 집권당에 반대하는 세력은 숙청되거나 제거된다. 대한민국의 현실정치에서 대통령·여당과 야당, 진보와 보수, 호남과 영남 등으로 나뉘어 싸우는 모습을 생각해 보면 상당히 설득력 있는 설명으로 느껴진다.

다만 정치를 적과 동지라는 이분법만으로 정의하기엔 현대사회는 너무나도 복잡하다. 대부분의 갈등 요소는 복합적이고, 단순 명료하게 맞아떨어지지 않는다. 정치는 타협과 협상의 예술이라는 말이 괜히 나온 것이 아니다. 예를 들어 경제적으로는 효율성과 비효율성, 도덕적으로는 선과 악, 미학적으로는 아름다움과 미움으로 나눠보자. 그럼 비효율성, 악, 미움은 모두 반드시 적인가라고 묻는다면 그렇지 않다. 장기적으로 봤을 때 사회적으로 비용을 감수해야 하는 경우가 존재하고, 도덕적 기준은 국가마다 차이가 있고, 세상에 존재하는 아름답지 않은 모든 것을 부정할 수도 없기 때문이다.

우리가 결정해야 할 어떤 정치적 사안이든 한 가지 측면만이 존재할 리가 없다. 정치체제에 있어 민주주의는 가장 비효율적이지만 최대의 사회적 합의를 이끌어낸다. 반면 권위주의는 가장 효율적이지만 최소의 사회적 합의만 이뤄진 결과다. 어떤 것이 반드시 선이고, 악이라고 단정할 수 없다. 민주주의 체제에서 일반적으로는 대화와 토론을 통해 결과를 도출하겠지만 전쟁 도중에 미사일을 쏠지 말지를 두고 투표를 하고 있을 순 없으니 말이다. 이런 극단적인 상황을 가정하지 않더라도 누군가는 효율성을, 누군가는 사회적 합의를 더 높은 가치로 여길 수 있다. 사회 구성원들의 선택은 시대, 역사, 전통, 문화 등 조건에 따라 얼마든지 달라질 수 있다.

민주주의 : 효율성↓, 사회적 합의↑
권위주의 : 효율성↑, 사회적 합의↓

정치를 한마디로 가장 잘 정리한 말은 미국의 정치학자 데이비드 이스턴(David Easton)의 '가치의 권위적 배분'이다. 정치는 인간이 사회적 동물이기 때문에 존재한다. 만약 무인도에 혼자 살고 있다면 당연히 정치는 할 수 없다. 두 사람 이상이 모여 집단을 형성했을 때 정치가 이뤄진다. 여기서 정치란 사회적으로 한정된 자원을 집단 내부 또는 집단 사이에서 어떻게 나눌 것인지가 핵심이다. 국가 단위에서는 개인에게 세금을 얼마나 부과하고 어디에 사용할지, 회사 단위에서는 이익 창출을 위해 최우선 순위 과제로 무엇으로 선택할지, 가정 단위에서는 생활비·교육비를 얼마나 쓸지 등이 해당된다.

정치적 결정은 대화부터 폭력까지 다양한 수단을 통해 도출된다. 민주주의 체제에서는 끊임없는 조정과 합의를 거쳐 최종 방안을 찾아낸다. 우리나라에서 통상적으로 일어나는 대통령·국회의원의 선출, 입법, 사법, 행정, 집회, 언론 등을 생각하면 된다. 권위주의 체제에서는 강력한 권력이나 다수에 의한 억압, 폭력 등이 동원돼 결론에 도달한다. 이때 권력은 상대방의 저항에도 불구하고 자신의 의지를 실현하고, 정책

결정에 영향을 미칠 수 있는 능력을 뜻한다. 러시아의 블라디미르 푸틴 대통령, 중국의 공산당과 시진핑 주석, 북한의 김정은 국무위원장 등을 떠올리면 단번에 이해하기 쉬울 것이다.

<정치적 결정>
민주주의 : 조정&합의 VS 권위주의 : 억압&폭력

02

권위와 정통성

권력과 권위는 어떻게 다를까. 권력이 개인의 능력에 국한된다면 권위는 다수에 의해 인정된 권리다. 통상 어떤 집단이나 분야에서 다른 사람들을 압도하는 권력을 지닌 사람을 권위자라고 부른다. 권위가 권력보다 상위 개념이라고 볼 수 있다. 권위는 폭력의 행사나 위협이 없어도 자발적으로 통치를 받아들이는 권력관계를 만든다. 국가에서의 정치적 결정은 권위를 갖는 정책이 된다. 이는 사회 구성원들에 대해 구속력을 지니며 강제 집행된다. 대한민국에는 관행상 의전서열이 존재하는데, 완벽하진 않지만 일종의 권력·권위 순위를 나타낸다고 볼 수 있다. 1~10위는 대통령, 국회의장, 대법원장, 헌법재판소장, 국무총리, 중앙선거관리위원장, 여당 대표, 교섭단체 야당 대표, 국회부의장, 감사원장 등 순이다.

권력 : 개인의 능력 VS 권위 : 다수에 의해 인정된 권리

독일의 사회학자 막스 베버(Max Weber)는 권위를 전통적, 카리스마적, 합리적·법적 지배라는 세 가지로 분류했다. 전통적 권위는 관습에 기반하며 존경심이 기초에 깔려있다. 이 때문에 전통적 권위는 자연적 질서로 받아들여져 굳이 정당화할 필요가 없었다. 과거 군주제에서는 왕과 영주에 의한 지배가 이뤄졌고, 이를 농노나 노예들은 당연하게 받아들였다. 전통적인 가정에서는 아버지나 연장자가 막강한 권위를 가졌고, 가족 구성원 모두에게 영향력을 행사하는 가부장제가 일반적인 형태였다.

카리스마적 권위는 지도자에 대한 추종을 기반으로 한다. 카리스마는 개인의 특별한 능력이라기보다 추종자들이 만든 일종의 영웅화를 의미한다. 대부분 국가나 집단이 위기적 상황을 맞이했을 때 나타나며, 전통적 권위에 비해 지속 기간은 매우 짧다. 혁명 지도자나 독재자들과 함께 일시적으로 존재했다가 사라지는 경우가 흔하다. 예를 들어 독일의 독재자 아돌프 히틀러는 1차 세계대전 패전과 경제대공황에 따른 국가적 혼란을 수습하며 국민적 영웅으로 등극했다. 당시 독일의 경제 재건과 군비 확장을 꾀했고, 유럽 최강국으로 거듭나면서 추종자들의 열광적인 지지를 이끌어냈다. 그러나 결국 제2차 세계대전을 일으킨 후 패전했고, 히틀러가 권총 자살하면서 카리스마적 권위는 막을 내렸다.

법적·합리적 권위는 특정 개인이 아닌 규칙과 절차에 존재한다. 대표적인 사례로 현대 민주주의에서의 법의 지배와 관료제가 있다. 정치인, 공무원, 판사 등의 권위는 법률에 기반하며 이들이 퇴임하면 자동적으로 사라진다. 이 같은 권위의 발달은 헌법, 선거 등 정치시스템의 발전으로 연결된다. 정부는 법적·합리성을 갖춘 형태로 고도화되며, 국민들은 권위를 자연스럽게 받아들이고 종속된다. 대부분의 전통적, 카리스마적 권리는 법적·합리적 권위로 발전해 왔다.

〈권위의 종류〉
전통적 권위 : 관습·존경심에 기초
카리스마적 권위 : 지도자 추종에 기반
법적·합리적 권위 : 개인이 아닌 규칙·절차에 존재

권위와 정통성은 비슷한 개념이지만 정통성의 범위가 더 넓다. 주로 권위가 정치인, 판사 등 개인적인 영역을 지칭하는 데 사용된다면 정통성은 정부, 정권 차원의 영역에서 언급된다. 정통성은 사회 구성원들이 체제나 법을 정당하다고 받아들이는지 여부에 달려있다. 국가의 통치는 정통성이 존재해야만 국민들의 자발적인 복종이 이뤄진다. 이를 통해서만 정부의 권위가 세워지고, 안정적인 지배 체제가 성립될 수 있다.

권위 : 정치인·판사 등 개인적인 영역
정통성 : 정부·정권 등 국가적인 영역

정통성은 현대 민주주의의 관점에서 단순히 합법성의 문제만은 아니다. 일부 정치체제나 법률의 경우 정당성은 결여됐지만 합법적일 수 있기 때문이다. 제8~11대까지의 대한민국 대통령 선거는 일명 '체육관 선거'라고 말한다. 1972년 박정희 정부는 유신헌법을 선포하고, 통일주체국민회의를 만들었다. 장충체육관에서 무기명 투표에 의한 대통령 선거가 이뤄졌고 득표율은 99%에 달했다. 법적인 부분만 따지고 들자면 절차적인 문제가 없다고 할 수도 있겠다. 그러나 민주주의를 열망하는 국민들의 뜻과 동떨어진 선거 방식은 결코 정당한 것으로 받아들여지지 않았다.

03

국가와 주권

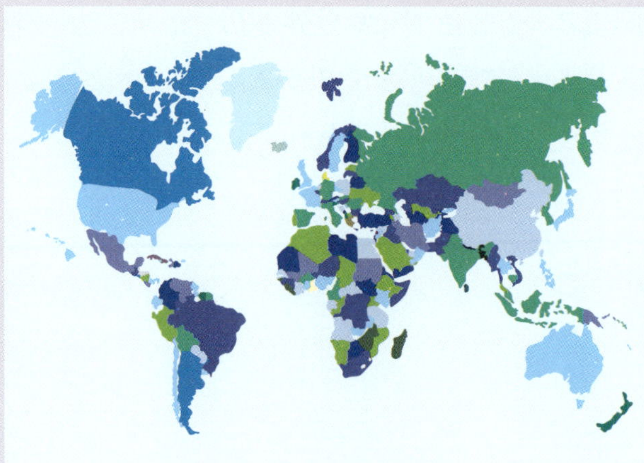

국가는 주어진 영토 내에서 물리적 강제력의 정당한 행사를 독점하는 정치공동체이다. 국가는 영토, 국민, 주권으로 구성된다. 이 같은 세 가지 조건이 지속되는 한 국가는 존속한다. 헌법상 대한민국의 영토는 한반도와 그 부속도서이다. 국민은 약 5,155만 명이며 주권은 국민에게 있다.

국가의 어원은 스타토(stato)로 15세기 이탈리아 도시국가들을 부르던 말이다. 이탈리아의 정치이론가 니콜로 마키아벨리가 군주론에서 국가라는 용어를 사용한 이후 보편화됐다. 국가와 유사하지만 혼동되는 개념으로는 정부와 민족이 있다. 정부는 국민들로부터 권력을 위임받은 집단으로 국가의 핵심요소이다. 그러나 국가와 달리 정부의 형태와 정책 등은 시대에 따라 끊임없이 변화한다. 민족은 출생지를 의미하는 라틴어로부터 시작됐다. 일정 지역에 거주하는 사람들이 언어, 문화, 정체성 등을 공유하고 자신들을 독립된 하나의 단위로 인식할 때 성립한다. 하나의 민족만으로 구성된 국가를 민족국가라고 한다. 그러나 대부분의 국가는 하나 이상의 민족으로 구성돼 있고, 국가와 민족은 반드시 일치하지 않는다.

주권은 국가의 의사를 최종적으로 결정하는 권력이다. 프랑스의 정치 철학자 장 보댕(Jean Bodin)은 "대내적으로는 최고성을, 대외적으로는 독립성을 의미한다"고 규정했다. 주권은 유럽에서 왕권을 강화하기 위한 이론으로 출발했으나 사회계약론에서는 사람들이 국가에 양도한 권력을 말한다. 국제관계에서는 주권을 가진 국민국가 개념으로 발전했다. 그렇게 현대 사회에서 주권은 내부적 주권과 외부적 주권으로 구분된다. 내부적 주권은 영토 내에서 법을 만드는 권한을, 외부적 주권은 국제적으로 인정되는 영토적 관할권을 뜻한다.

국가의 구성 요소 : 영토, 국민, 주권
주어진 영토 내에서 물리적 강제력의 정당한 행사 독점
주권 : 대내적 최고성, 대외적 독립성

초기 국가 형성 이론의 핵심에는 사회계약론이 있다. 유럽 사회는 르네상스와 종교개혁을 맞이하면서 중세의 암흑에서 벗어났다. 또한 신대륙의 발견과 상업혁명을 통해 막대한 부를 축적한 부르주아가 탄생한다. 이 과정에서 왕의 권력은 신이 줬다는 왕권신수설이 크게 위협받게 된다. 당시 절대왕정은 부르주아들로부터 받은 세금을 통해 유지됐지만 신흥 상공업자들의 사회적 지위는 형편없이 낮았기 때문이다. 이들의 반발은 역사적으로 예정된 수순이었다.

영국의 정치철학자 토머스 홉스(Thomas Hobbes)는 부르주아의 불만을 잠재우고, 모든 권력이 왕에게 집중될 수 있는 국가 이론을 내놓는다. 홉스는 자신의 안전을 누구도 보장해주지 않는 '자연 상태'를 가정한다. 자연 상태는 규범과 윤리가 존재하지 않고, 누구나 마음대로 행동할 수 있다. 범죄가 난무하고 약육강식이 지배하는 세상이 되는 것이다. 이렇게 '만인에 대한 만인의 투쟁'이라는 불안한 상황을 맞게 된다. 결국 사람들은 안전을 보장받기 위해 서로 계약을 맺고 사회를 구성한다. 그러나 누구나 언제든지 약속을 깨고 자연 상태로 돌아갈 수 있다는 것이 문제다. 이를 막기 위해서는 계약 당사자들보다 강력한 힘을 지닌 국가와 왕에게 주권을 모두 양도해야 한다. 홉스는 왕을 바다 괴물인 '리바이어던'에 비유했는데, 계약을 지켜줄 필요악으로 정당화한 것이다.

영국의 정치철학자 존 로크(John Locke)는 홉스의 성악설과 만인에 대한 만인의 투쟁 상태를 부정한다. 인간은 자연 상태에서 생명, 재산 등에 대한 천부인권을 지니고 자유롭고 평등하게 태어났다. 다만 개인 간의 권리 침해가 발생할 수 있기 때문에 서로 간 계약을 맺고 주권을 일부만 위임한다. 천부인권은 초국가적인 불가침의 권리로 양도할 수 없다. 만약 국가권력이 자연권을 침해한다면 시민들은 '저항권'을 행사해 정부를 재구성할 수 있다. 홉스의 이론은 왕과 독재를 옹호했다면 로

크는 지나치게 권위적인 권력은 오히려 시민들을 위협한다는 점을 지적했다.

프랑스의 철학자 장 자크 루소(Jean-Jacques Rousseau)는 자연 상태를 목가적이고 안정적인 상태로 여긴다. 자연 상태는 이성과 도덕 등이 충분히 성숙된 상태는 아니며, 사유재산과 계급이 등장하면서 불평등이 발생하게 된다. 사람들은 태초부터 '일반의지'를 갖고 있고 개인의 권리 보호를 위해 정부를 만드는 것에 동의한다. 여기서 주권의 기초는 일반의지이며, 타인에게 양도되거나 분할될 수 없다. 일반의지는 공적인 일에 대한 올바른 의지를 뜻하며, 아무리 타락한 사람이라도 마음으로 알 수 있다. 결국 왕은 필요 없는 존재로 인식되며 루소의 사상은 시민혁명의 발판이 된다.

04

법치주의

법치주의는 민주주의의 근간이다. 그 핵심에는 법에 의한 지배, 행정부·입법부·사법부의 삼권분립, 개인의 권리와 자유 보장이 있다. 국가와 정부가 국민의 자유와 권리를 제한하거나 의무를 부과할 때는 반드시 법률에 의거해야 한다. 법치주의는 특정 사람에 의한 자의적인 통치에서 벗어나 예측가능성과 안정성을 갖춘 국가 시스템 구축의 기반이 됐다.

많은 사람들이 법치주의와 준법을 아직도 혼동한다. 준법은 법에 무조건 복종해야 한다는 뜻이다. 고대·중세·근대 사회에서도 법은 있었고, 범법자에 대한 처벌은 존재했다. 당시엔 왕이나 독재자에 의해 독단적인 통치와 사법이 이뤄졌다. 그러나 현대 민주주의 국가에서의 법치주의는 정치와 법의 분리를 통해 권력의 제한과 견제를 이뤄낸다는 점에서 완전히 구분된다.

법치주의는 형식적 법치주의와 실질적 법치주의로 구분된다. 형식적 법치주의는 국가 권력의 제한, 국가 기관의 권한·기능 등을 규정하는 것으로 국가 권력은 법을 통해 합법성을 부여받게 된다. 다만 독재체제도 형식적인 법치주의를 갖출 수 있는데 법을 앞세워 자의적 통치를 정당화하는 경향이 있다. 이처럼 법치주의가 개인의 자유와 권리 보장이라는 목적을 상실한 채 통치수단으로 악용될 수 있다. 여기서 한 발 더 나아간 실질적 법치주의는 법의 형식뿐만 아니라 내용과 목적까지 개인의 기본권 보장에 부합해야 함을 말한다.

법치주의 : 법에 의한 지배 VS 준법 : 법에 대한 복종
형식적 법치주의 : 국가 권력의 제한 등 규정
실질적 법치주의 : 실제 기본권 보장 초점

법치주의의 역사는 영국 명예혁명, 미국 독립전쟁, 프랑스혁명으로 거슬러 올라간다. 명예혁명은 제임스 2세의 전제정치에 대항해 일어났다. 1688년 12월 23일 제임스 2세가 프랑스로 망명했고, 다음 해 2월 13일 국민협의회가 윌리엄 3세를 국왕으로 추대했다. 이 과정에서 영국 의회 정치 확립의 기초가 되고, 미국의 독립과 프랑스혁명에 영향을 미친 권리장전이 선포된다. 권리장전은 의회의 승인 없이 법을 제정하거나 법의 효력을 정지시킬 수 없다, 의회의 승인 없이 세금을 거둘 수 없다, 의회의 승인 없이 상비군을 유지할 수 없다, 의회의 선거는 자유로워야 한다, 의회 내에서의 토론을 자유로워야 한다, 의회는 자주 소집돼야 한다, 법은 공정하고 적절하게 운영돼야 한다 등의 내용이 담겼다.

미국 독립전쟁은 '대표 없이는 과세도 없다'가 슬로건이다. 영국 의회에 대표자를 보내지 못하고, 세금만 부과받던 식민지 미국의 불만이 표출된 결과다. 이것이 대중적으로 확산된 계기는 1773년 12월 16일 벌어진 보스턴 차 사건이다. 홍차 과세에 대해 불만을 품고 매사추세츠만

주민들이 영국 선박을 습격해 차를 바다에 버렸고 독립전쟁의 도화선이 됐다. 미국 독립 선언문은 천부인권, 인민 주권, 저항권을 명시하고 있다. 절대 왕정에 반대하는 혁명의 성격을 갖고 있으며 자유, 평등, 주권을 확립한 시도로 평가받는다. 미국은 1775년부터 1783년까지 8년간의 전쟁 끝에 세계 최초의 근대적 민주 국가를 설립한다.

프랑스혁명은 루이 16세의 사치스러운 궁정생활과 전쟁으로 재정이 파탄나면서 시작됐다. 당시 프랑스는 제1계급인 성직자, 제2계급인 귀족, 제3계급인 부르주아라는 구제도의 모순이 존재했다. 루이 16세는 세금을 더 거두기 위해 삼부회를 소집했고, 특권계층과 부르주아사이에 갈등이 벌어졌다. 1789년 7월 14일 바스티유 감옥 습격을 시작으로 혁명이 시작돼 국민공회가 설립된다. 국민공회는 급진파인 자코뱅파가 왼쪽에, 온건파인 지롱드파가 오른쪽에 앉게 되는데 좌파와 우파 단어의 기원이 된다. 1789년 8월 4일 헌법제정의회는 봉건적 신분제의 폐지를 선언했다. 8월 26일엔 인권선언이 가결됐고 인간의 자유·평등, 국민주권, 법 앞의 평등, 사상의 자유, 과세의 평등 등이 명시됐다. 프랑스혁명은 절대왕정을 타도하고 시민계급이 권력을 차지하면서 근대 시민사회의 발전을 가져왔다.

영국 명예혁명 : 의회 정치 확립의 기초
미국 독립전쟁 : 천부인권, 인민 주권, 저항권
프랑스혁명 : 자유, 평등, 박애

05

민주주의의 개념

우리는 민주주의 국가에 살고 있다. 대한민국에서는 가족, 학교, 직장, 사회 등 다양한 집단에서 민주주의를 쉽게 만날 수 있다. 민주주의는 고대 그리스어로 민주를 뜻하는 데모스(demos)와 지배를 의미하는 크라토스(kratos)의 합성어다. 1인이나 소수에 의한 지배가 아닌 다수의 사람에 의한 정치 형태다. 여기서 핵심은 집단적 의사결정이며, 구성원들은 의사결정과정에 참여할 수 있는 동등한 권한을 지닌다.

고대 그리스의 철학자 아리스토텔레스(Aristoteles)는 정부의 형태를 통치자 수와 형태(공익·사익추구)에 따라 6가지로 분류했다. 1인이 통치하는 경우 군주정·독재, 소수가 통치하는 경우 귀족정·과두제, 다수가 통치하는 경우 정체·민주주의로 나눴다. 비록 아리스토텔레스는 민주주의를 가난한 자들이 사적 이익을 추구하는 일탈된 형태로 봤지만 이 같은 분류는 현대 정치학에 큰 영향을 줬다.

<아리스토텔레스의 정부 분류>

	공익추구	사익추구
1인 통치	군주정	독재
소수 통치	귀족정	과두제
다수 통치	정체	민주주의

냉전 시대가 막을 내린 이후 많은 국가들이 민주주의 체제를 채택해 왔다. 영미권 경제 전문지인 이코노미스트는 매년 167개국에 대한 민주주의 지수를 발표한다. 선거절차 및 다원주의, 시민의 권리, 정부의 기능, 정치 참여, 정치 문화 등 5가지를 계량화한다. 이를 통해 완전한 민주주의, 결함 있는 민주주의, 혼합된 체제, 권위주의 체제로 나눈다. 2022년 기준 완전한 민주주의는 24개, 결함 있는 민주주의는 48개, 혼합된 체제는 36개, 권위주의체제는 59개로 나타났다. 노르웨이는 9.81점으로 가장 높은 점수를, 아프가니스탄이 0.32점으로 가장 낮은 점수를 받았다. 대한민국은 8.03점으로 24위를 기록했다.

이코노미스트 민주주의 지수(2022년 기준)

나라	체제 유형	점수	순위	선거 과정과 그 다원성	정부의 기능성	정치 참여도	정치 문화	시민 자유
노르웨이	완전한 민주주의	9.81	1	10.00	9.64	10.00	10.00	9.41
뉴질랜드	완전한 민주주의	9.61	2	10.00	9.29	10.00	8.75	10.00
아이슬란드	완전한 민주주의	9.52	3	10.00	9.64	8.89	9.38	9.71
스웨덴	완전한 민주주의	9.39	4	9.58	9.64	8.33	10.00	9.41
핀란드	완전한 민주주의	9.29	5	10.00	9.64	8.33	8.75	9.71
덴마크	완전한 민주주의	9.28	6	10.00	9.29	8.33	9.38	9.41
스위스	완전한 민주주의	9.14	7	9.58	9.29	8.33	9.38	9.12
아일랜드	완전한 민주주의	9.13	8	10.00	8.21	8.33	10.00	9.12
네덜란드	완전한 민주주의	9.00	9	9.58	8.93	8.33	8.75	9.41
타이완	완전한 민주주의	8.99	10	10.00	9.64	7.78	8.13	9.41
⋮								
대한민국	완전한 민주주의	8.03	24	9.58	8.57	7.22	6.25	8.53
⋮								
타지키스탄	권위주의 체제	1.94	156	0.00	2.21	2.22	4.38	0.88
적도 기니	권위주의 체제	1.92	158	0.00	0.43	3.33	4.38	1.47
라오스	권위주의 체제	1.77	159	0.00	2.86	1.67	3.75	0.59
차드	권위주의 체제	1.67	160	0.00	0.00	2.22	3.75	2.35
투르크메니스탄	권위주의 체제	1.66	161	0.00	0.79	2.22	5.00	0.29
콩고 민주 공화국	권위주의 체제	1.48	162	1.17	0.00	2.22	3.13	0.88
시리아	권위주의 체제	1.43	163	0.00	0.00	2.78	4.38	0.00
중앙아프리카 공화국	권위주의 체제	1.35	164	0.83	0.00	1.67	1.88	2.35
조선민주주의 인민공화국	권위주의 체제	1.08	165	0.00	2.50	1.67	1.25	0.00
미얀마	권위주의 체제	0.74	166	0.00	0.00	0.56	3.13	0.00
아프가니스탄	권위주의 체제	0.32	167	0.00	0.07	0.00	1.25	0.29

민주주의는 정도의 문제다. 어떤 국가나 집단이 완벽하게 민주주의를 실현했다거나 민주주의가 완전하게 결여됐다고 말할 수 없다. 일반적으로 공정한 선거를 통해 정부가 선출되고, 모든 성인들이 투표권을 지니며, 기본권이 보장될 때 민주주의 국가라고 말한다. 그러나 각국마다 대통령제·의회제 등 정치체제는 다양하며, 투표 가능 연령도 제각기 다르다. 특정 체제나 제도가 더 민주적이라고 판단할 수는 없다. 결국 더 나은 민주주의는 국가와 사회에 속한 시민들의 역량에 의해 결정된다.

물론 민주주의의 필수적 요건은 존재한다. 민주주의의 절차적 정의는 자유롭고, 공정하고, 경쟁적 선거에 의해 지배자가 교체되는 체제이다. 이를 위해서는 1인 1표의 보통선거권, 2개 이상의 정당과 후보, 출판·결사·언론의 자유, 평화적 정권교체 등이 요구된다. 해당 조건에서 두 차례의 정권교체가 이뤄진 경우 민주주의가 안정화·공고화됐다고 말한다. 우리나라의 경우 노태우·김영삼 정부에서 김대중·노무현 정부로의 전환을 첫 번째 정권교체로, 노무현 정부에서 이명박 정부로의 변화를 두 번째 정권교체 시점으로 본다. 민주주의의 실질적 정의는 부의 분배, 인권 보장 등 결과물까지 고려하는 것이다. 그러나 개인의 가치 판단에 따라 기준과 항목이 달라질 수 있다는 문제가 있다.

민주주의는 정도의 문제, 완벽한 제도는 부재
필수 요건 : 자유·공정·경쟁 선거, 통치자 교체 가능
민주주의 공고화 : 다른 세력에 의한 두 차례의 정권교체

많은 사람들이 저지르는 흔한 착각은 민주주의와 다수결을 동일시하는 것이다. 다수결은 토론, 절충 등 다양한 방법과 절차를 거친 뒤 합의에 이르지 못했을 경우 최종적으로 선택하는 장치다. 특정 개인이나 소수에 의한 권한 행사보다 다수의 선택이 더 민주적일 수 있으나 완전한 민주주의를 이뤘다고 할 수 없다. 특히 다수의 결정으로 소수가 의견을 표명할 수 없다거나 인종·종교·언어·민족 등에 따른 만년 소수가 존재한다면 민주주의 원칙에 위배된다. 이럴 경우 할당제, 자치 부여 등 소수가 완전히 배제될 가능성을 없애는 제도적 보완이 필요할 수 있다.

민주주의는 가장 효율적인 정치체제도 아니다. 최선이 아닌 최악을 회피하는데 초점을 맞춘 시스템이다. 그 결과 모두에게 더 좋은 대안을 찾아주지 못할 수도, 정부가 시민의 이해에 부합하는 행동을 하지 못할 수도, 사회적인 부가 공평하게 분배되도록 하지 못할 수도 있다. 그러나 통치자와 정부를 교체할 수 있다는 가능성 자체가 1인이나 소수에 의한 지배와 폭력을 피할 수 있게 만든다. 민주주의가 권위주의보다 개인의 자유와 권리 보장 측면에서 우월하며, 선진국들이 민주주의를 채택하고 있는 이유다.

민주주의≠다수결, 토론·절충 등 과정 우선
민주주의 : 최선 아닌 최악 회피하는 시스템

06

직접민주주의

직접민주주의는 모든 시민들이 직접 정치에 참여하는 체제를 말한다. 직접민주주의는 기원전 5세기 고대 그리스 아테네에서 시작됐다. 아테네의 정치인 클레이스테네스는 정치개혁을 통해 민주정의 기초를 확립했다. 이때 귀족들의 특권을 약화시키고 모든 시민에게 참정권을 부여하는 이소노미아(Isonomia)가 자리 잡았다. 이소(iso)는 평등을, 노모스(nomos)는 법을 뜻하는데 법 앞의 평등과 유사한 개념이라고 볼 수 있다.

클레이스테네스는 전통적인 부족 체제를 해체하고, 거주지에 따른 10개의 행정 구역으로 재편했다. 이를 통해 촌락 공동체인 데모스(demos)가 정치의 기본 단위가 됐다. 18세 이상의 남성들은 데모스에 등록해 참정권을 부여받았고, 각각의 데모스는 50명의 대표를 추첨으로 선출해 평의회에 보냈다. 대표의 기간은 1년으로 연임은 불가했고, 평생 두 차례만 맡을 수 있었다. 이렇게 구성된 500인회는 민회에서의 토론 안건을 정하고, 재정을 관리하는 등의 역할을 했다.

민회는 아테네 민주주의의 꽃이라고 할 수 있다. 군사 복무를 마친 20세 이상의 남성이라면 누구나 참여 가능했고, 1년에 40여 차례가 열리기도 했다. 통상 전쟁 문제, 주요 공직자 선출, 전염병 대비 등 국가의 중요한 정책들이 논의됐다. 아리스토텔레스에 따르면 민회는 모든 문제에 있어 최고권을 가진 주권 기관이었다. 시민들은 장시간 회의를 하고, 다수결의 원리로 의결했으며, 선동가들이 큰 영향력을 행사했다.

시민 법정인 디카스테리아(Dikasteria)는 500명 이상의 배심원으로 이뤄졌다. 30세 이상의 남성 중 추첨에 의해 선출됐고, 연설과 반론을 듣고 투표를 진행했다. 시민들에 의해 제기된 소송을 판결하고, 지도자들에 대한 책임을 묻는 기능을 했다. 민회에는 도자기 조각으로 비밀 투표를 실시해 국가에 해를 끼칠 수 있는 위험인물을 추방할 수 있는 도편추방제가 있었다. 6,000표의 찬성표가 나오면 10년 이상 아테네에서 추방됐다. 해당 제도는 독재자가 등장하는 것을 막기 위한 방안이었지만 정적을 제거하는 정치싸움의 도구로 변질됐다.

아테네 민주주의는 완벽한 제도가 아니었다. 직접민주주의는 소규모 집단에서만 작동할 수 있는 체제로 확대 가능성이 낮은 체제였다. 시민권은 성인 남성으로 제한됐으며 여성, 노예, 외국인 등은 배제됐다. 또한 전문성이 없는 시민들이 국가 정책을 결정했기 때문에 선동에 취약했고, 다수에 의한 폭정으로 치닫는 상황이 나타났다. 이같이 타락한 민주주의 상태를 고대 그리스의 철학자 플라톤은 '중우정치'라고 비판했다.

<아테네 민주주의>
민회 : 국가 중요 정책 논의
디카스테리아 : 소송 판결, 지도자 문책
도편추방제 : 국가적 위험인물 추방 제도
한계 : 여성·노예·외국인 배제

현재 직접민주주의는 완전히 사라진 개념이 아니다. 대부분의 국가는 대의민주주의를 채택하면서 직접민주주의적 요소를 도입하고 있다. 일반적으로 대의민주주의에서 의회와 시민들 간의 괴리가 생기는 것을 보완하기 위해 사용된다. 대표적으로 국민투표, 국민발안, 국민소환 등이 있다. 국민투표는 헌법 개정이나 법률안을 투표를 통해 최종 결정하는 제도로 대부분의 국가에 존재한다. 국민발안은 국민이 법률안을 제출할 수 있고, 국민소환은 선출직 공무원을 임기 전에 투표를 통해 파면시킬 수 있는 제도이다.

대한민국은 국민투표를 헌법에 명시하고 있고, 국민발안과 국민소환은 도입돼 있지 않다. 헌법상 대통령이 필요하다고 인정할 때에 외교·국방·통일 기타 국가안위에 관한 중요정책을 국민투표에 부칠 수 있다. 헌법개정안은 반드시 국민투표를 거쳐야만 한다. 국회는 헌법개정안이 공고된 날로부터 60일 이내에 의결해야 하며, 재적의원 3분의 2 이상의 동의가 필요하다. 국회 의결 이후 30일 이내에 국민투표를 시행해야 하고, 유권자 과반수의 투표와 투표자 과반수의 찬성을 얻으면 통과된다.

지방자치단체 차원에서는 주민발의와 주민소환이 존재한다. 주민조례청구는 해당 지방자치단체에서 정하는 숫자 이상의 연대 서명이 있어야 한다. 특별시나 인구 800만 이상의 광역시·도에서는 주민 총수의 200분의 1이 필요하다. 인구 800만 미만의 광역시도·특별자치시·특별자치도·인구 100만 이상의 시에서는 150분의 1, 인구 50만 이상 100만 미만의 시군·자치구에서는 100분의 1이 요구된다. 주민소환은 지방자치단체장이나 지방의원을 투표권자 3분의 1 이상 투표와 과반수 찬성으로 해임할 수 있는 제도다. 시·도지사는 투표권자 중 10%, 시장·군수는 15%, 지방의원은 20% 이상 서명으로 청구 가능하다.

직접민주주의 : 모든 시민 정치 참여
직접민주주의적 요소 : 국민투표·국민발안·국민소환제
대한민국 제도 : 국민투표 o, 국민발안·국민소환x

07

대의민주주의

민주주의의 원칙과 이상은 시민들이 직접 주권을 행사하는 것이다. 그러나 근대 국가가 형성되고 시민의 규모가 커지면서 직접민주주의는 더 이상 실현하기 어려워졌다. 모든 사안에 대해 시민들이 한곳에 모여 토론을 진행하고 전체 투표를 진행할 수는 없기 때문이다. 결국 현대 민주주의 국가들은 대의민주주의를 대안으로 채택하고 있다.

대의민주주의는 시민들이 대표자 선출을 통해 간접적으로 주권을 행사하는 체제다. 대통령제를 채택한 국가에서는 선거를 통해 대통령과 의원 등을 선출해 공공의사 결정을 맡긴다. 의회제를 시행하는 국가에서는 총리와 의원 등을 뽑고 입법, 과세의 권한을 위임한다. 아테네 민주주의와 달리 대의민주주의에서 시민권은 성인 남성에게만 국한되지 않는다. 여성의 참정권은 뉴질랜드가 1893년 세계 최초로 인정했다. 미국과 영국에서는 1920년대에 여성에게 동등하게 투표권이 주어졌다.

대의민주주의 : 선거로 대표 선출, 간접적 주권 행사
여성 참정권 : 1893년 뉴질랜드 최초로 인정

대의민주주의는 자유민주주의와 비자유민주주의로 구분해야 한다. 독재나 공산주의체제도 스스로를 민주주의라고 자처하고, 형식적 선거의 형태를 갖추고 있기 때문이다. 자유민주주의는 정부가 법의 지배하에 시민들의 자유와 권리를 보장한다. 핵심 가치로는 보편적 참정권, 정당 간의 공정한 경쟁, 시민권의 보호 등이 있다. 자유민주주의체제는 단순히 정치 형태에만 국한되지 않으며, 국민들의 일상생활 모두를 포괄한다. 미국의 철학자 존 듀이(John Dewey)는 "민주주의란 단순한 정치 형태만은 아니고 그것은 공동생활의 한 양식이며, 서로 교섭하는 경험의 한 양식"이라고 정의했다.

비자유민주주의는 자유민주주의와 마찬가지로 선거를 통해 통치자를 선출한다. 그러나 통치자들이 적극적으로 부정선거를 획책하지 않더라도 국가의 자원과 언론을 총동원해 선거에 엄청난 영향을 미친다. 이 때문에 일반적으로 통치자의 교체는 선거보다는 법률상의 제한, 자발적 사임 등에 의해서 이뤄진다. 미국의 정치학자 새뮤얼 헌팅턴(Samuel Huntington)은 비자유민주주의 체제를 '전환 없는 민주주의와 교체 없는 경쟁'이라고 지적한다. 대부분 아프리카, 남미, 아시아 등 신생 민주주의 국가에서 나타난다.

자유민주주의 : 법의 지배하에 자유·권리 보장
비자유민주주의 : 선거에서 경쟁·교체가 없는 상태

대의민주주의는 본질적으로 '대리인의 문제'가 발생한다. 프랑스의 철학자 장 자크 루소(Jean-Jacques Rousseau)는 "시민들은 몇 년에 한 번 돌아오는 선거 때만 자유롭고, 이후 노예보다 나을 것이 없는 종속적인 지위로 돌아간다"고 비판했다. 대리인의 문제는 대표자와 시민 간의 이해가 상충되거나 대표자가 시민보다 더 많은 지식을 갖고 있을 때 생긴다. 이 상황에서는 대표자가 시민으로부터 위임받은 역할을 충실히 이행하지 않고, 시민들이 대표자를 통제할 수 없다. 결국 대의민주주의가 제대로 작동하기 위해서는 대리인 문제를 해결해야 한다.

대리인의 문제를 최소화하기 위한 사전적 제도는 신뢰할 수 있는 대표자를 엄밀한 심사를 통해 선정하는 것이다. 시민들의 이해를 대변할 능력이 없는 사람을 선택할 경우를 미리 배제하는 방식이다. 주로 의회제는 정당 정치의 발전으로 사전적 방법이 많이 활용된다. 정당이 선거 후보자 선발 과정에서 부적격한 인물을 탈락시키는 역할을 한다. 사후적 제도는 대표자가 임무를 제대로 수행하고 있는지 감시하고, 성과를 보고받는 것이다. 시민들의 이해를 대변하지 않는 정치인들의 도덕적 해이 상황을 해결하는 데 유용하다. 대통령제는 정책 책임자를 직접 선출하기 때문에 사후적 방법에 더 의존적이다.

> 대리인의 문제 : 대표자와 시민 간의 이해 상충
> 사전적 제도 : 엄밀한 심사, 사후적 제도 : 감시·성과보고

08

숙의민주주의

숙의는 특정 사안에 대해 사람들이 깊이 생각하고 충분히 논의하는 과정이다. 숙의민주주의는 공적 사안에 대해 시민들이 직접 참여하는 토론과 합의를 거치는 절차를 뜻한다. 숙의민주주의는 심의민주주의, 토의민주주의라고 부르기도 한다. 현재 완벽한 제도적 설계와 채택은 이뤄지지 못했지만 현대 민주주의에 시사하는 바가 크다.

숙의민주주의는 1980년대 서구에서 대의민주주의의 위기가 대두되면서 대안으로 제시됐다. 당시 투표율과 정당가입률은 지속적으로 떨어지기 시작했고, 시민들의 정치에 대한 무관심이 보편화됐다. 대의민주주의체제에서 정치권력은 엘리트 중심으로 재편됐고, 시민들에 대한 대표 기능은 저하됐다. 이러한 문제인식을 기반으로 시민들이 직접 참여하고, 정치적 의사를 반영할 수 있는 보완적 제도를 고민하게 된 것이다.

숙의민주주의 : 일반 시민들이 모여 공적사안 토론·합의
투표율·정당가입률↓ → 대의민주주의 보완 차원

숙의민주주의의 기본 토대에는 독일의 철학자 위르겐 하버마스(Jurgen Habermas)의 '공론장' 개념이 있다. 공론장은 국가, 지역, 공동체, 문화 등 다양한 영역에 존재한다. 예를 들어 정당, 집회, 종교모임, 사회관계망서비스(SNS) 등 실질적 또는 추상적 공론장이 있다. 공론장은 원칙적으로 누구도 배제되는 않는 개방적 구조를 전제로 한다. 참여자들은 자유롭게 자신의 주장을 이야기하고, 상대방의 의견에 이의를 제기할 수 있다. 토론 과정에서는 내외부의 강제, 조작, 선동은 용납되지 않으며 합리적 합의 도출을 목표로 한다.

숙의민주주의에서 토론은 전문가가 아닌 일반 시민이 중심이 된다. 아테네 민주주의의 민회와 유사한 개념이다. 토론 주제에 대한 정보는 모든 참여자에게 평등하게 주어지며, 이들은 서로의 공통 지점을 발견하고 합의점을 찾아 나간다. 여러 사람들이 사적 이익이 아닌 공적 이익에 기초해 다양한 대안을 살펴보고 지식과 경험을 공유하는 형태다. 이

같은 과정을 통해 숙의민주주의자들은 시민들이 정치적 역량을 키우고, 대의민주주의의 문제점을 극복해 나갈 수 있다고 주장한다.

하버마스의 공론장 : 누구도 배제되지 않는 개방적 구조
숙의민주주의 : 일반 시민 중심, 아테네 민회와 유사

숙의민주주의는 구체적인 제도화가 시도돼왔다. 미국의 정치학자 제임스 피시킨(James S. Fishkin)은 1988년 공론조사 방법을 제시했다. 공론조사는 무작위로 시민들을 선정하고, 정보 제공과 학습을 시킨 후 토론 과정을 거쳐 결과를 도출한다. 일반적으로 전문가 설명, 조별토론, 심층토론 등이 포함된다. 대부분의 국가에서는 공론조사를 정책 결정보다는 권고나 참고사항 정도로 활용하고 있다. 이는 특정 이슈에 대해 잘 알지 못하고 답하는 일회성 여론조사의 한계를 뛰어넘는 방식으로 여겨지고 있다.

미국의 법학교수 에단 레이브(Ethan Leib)는 시민의회를 도입할 것을 제안했다. 시민의회는 무작위로 선출된 525명의 사람들로 구성된다. 이들은 각각의 안건에 대해 그룹을 나눠 며칠간 토론을 거친다. 토론 주제는 주민의 10% 이상이 서명하거나 의회의 과반수 투표로 결정된다. 시민의회는 비밀투표를 통해 심의를 종결하고, 3분의 2 이상의 동의에 의해 통과된다. 입법부나 사법부가 거부권을 행사하지 않는 한 법률로써 효력을 갖는다.

공론조사 방법 : 무작위 선정, 학습과정, 토론·결과 도출
시민의회 : 무작위 525명 선출, $\frac{2}{3}$ 동의로 통과

사실 숙의라는 것 자체가 너무 이상적이라 숙의민주주의가 현실적으로 적용가능한 지에 대한 이견이 있다. 또한 숙의민주주의는 시민들의 참여를 가장 최우선 가치로 두지만 형식, 내용 등에 대해서는 다양한 주장들이 존재해 명확한 정의가 어렵다. 그럼에도 불구하고 숙의민주주의는 대의민주주의의 폐단을 극복하려는 구상이자 노력이라는 점에서 높게 평가할만하고, 앞으로 충분히 논의해 볼 만한 가치가 있다.

09

민주화의 물결

세계적으로 민주화의 물결은 현재 진행형이다. 민주주의의 세계적 확산에서 빼놓을 수 없는 인물이 미국의 정치학자 새뮤얼 헌팅턴(Samuel Huntington)이다. 그가 제시한 민주화의 물결은 특정 기간 여러 나라들의 비민주주의체제에서 민주주의체제로의 전환을 말한다. 이 과정에서 민주주의체제는 1973년에 30개에서 1990년 59개까지 빠르게 확산됐다.

제1의 물결은 1828년부터 1926년까지 미국, 영국, 프랑스, 캐나다, 네덜란드 등이 최소한의 민주주의체제를 구축한 기간이다. 이 과정에서 서구 사회에서는 보편적 선거권 확대가 이뤄진다. 미국의 경우 모든 백인 남성들은 즉각적인 수혜를 받았다. 여성들은 1920년대, 흑인들은 1965년에 완전한 선거권을 획득했다. 그러나 1922년부터 1942년까지 독일, 이탈리아 등에서는 민주주의체제가 전복되는 역류가 발생했다. 파시스트, 공산주의, 군부 독재체제 등이 유럽에 퍼지면서 영국과 미국을 제외하고 민주화가 후퇴했다.

<제1의 물결>
1828~1926년 미국 · 영국 등 민주주의체제 구축
1922~1942년 파시스트 · 공산주의 · 군부에 몰락

제2의 물결은 1943년부터 1962년까지 서구권에서 민주주의체제가 부활하고 인도, 이스라엘, 일본, 서독 등 신생 민주주의 국가들이 민주주의를 받아들인 시기이다. 제2차 세계대전 이후 미국의 동맹국들을 중심으로 채택됐고, 미국의 원조를 통해 경제복구를 이뤄냈다. 해당 시기 일부 국가에서는 군부 쿠데타 · 권위주의로의 회귀 등을 겪었고, 이스라엘과 인도는 민주주의 공고화를 이뤄냈다.

<제2의 물결>
1943~1962년 일본·서독 등 민주주의 받아들인 시기
일부 국가에선 후퇴, 이스라엘·인도 민주주의 공고화

제3의 물결은 1974년부터 1991년까지 남유럽, 동유럽, 남미 등 권위주의체제와 사회주의 체제가 몰락하고 민주주의체제가 확산되는 과정이다. 1970년 그리스, 포르투갈, 스페인에서 우익독재체제가 끝났다. 1980년대 남미국가에서는 군부의 퇴진이, 1980년대 말엔 소련과 동유럽의 사회주의체제가 붕괴됐다. 대한민국에서는 1987년 6·10 민주항쟁과 6·29 선언이 민주화의 물결로 여겨진다. 미국은 냉전 체제가 종식과 함께 민주주의체제 도입을 장려했고, 남유럽과 동유럽은 유럽연합(EU)에 가입하기 위해 민주주의 공고화를 이행했다. 남미와 아프리카 등 다른 지역에서는 민주주의 공고화가 이뤄지지 못했다.

<제3의 물결>
1974~1991년 동유럽·남미 등 민주주의 확산
남유럽·동유럽 민주주의 공고화 → 유럽연합(EU) 가입

아랍의 봄은 제4의 민주화 물결로 불리기도 한다. 2010년 12월 북아프리카와 중동 국가에서 시작된 반정부 시위와 혁명을 일컫는데 안타깝게도 실패한 민주화 운동으로 평가를 받는다. 튀니지는 재스민 혁명을 통해 24년간 지속된 독재 정권을 무너뜨렸다. 아랍의 봄은 사회관계

망서비스(SNS)로 각국의 소식이 세계로 빠르게 전파되면서 확산됐다. 해당 시기 여러 국가에서 장기독재체제를 끌어내렸지만 튀니지를 제외하고 민주화를 완성하지 못했다. 나머지 국가에서는 내전, 사회 혼란, 종교 대립 등이 격화되면서 아랍의 겨울이 찾아왔다.

<아랍의 봄>
2010년 12월 북아프리카 · 중동 반정부 시위 · 혁명
사회관계망서비스(SNS) 기반 빠르게 전파 · 확산
각국의 내전 · 사회 혼란 · 종교 대립 등으로 실패

민주화의 경로는 위로부터의 민주화, 아래로부터의 민주화, 타협적 민주화가 있다. 위로부터의 민주화는 민주주의 세력의 수장을 중심으로 구체제를 끝내고, 민주주의로 이행하는 것을 말한다. 대표적으로 대만, 스페인, 브라질, 헝가리, 몽골 등이 해당한다. 아래로부터의 민주화는 다양한 사회운동에 기반한 급진적인 민주화이다. 일반적으로 정치적 공백기가 발생하면서 권력 다툼과 사회적 혼란을 경험한다. 이 같은 과정은 프랑스, 포르투갈, 루마니아, 아르헨티나 등이 겪었다. 타협적 민주화는 기존 체제와 민주화 세력의 타협을 통한 온건한 민주화로 영국, 대한민국, 폴란드, 체코 등에서 찾아볼 수 있다. 이러한 국가에서는 완벽한 권위주의 청산이 불가능했고, 민주화 이후에도 보수적 정치 성향이 강한 편이다.

10

역사의 종언 vs 문명의 충돌

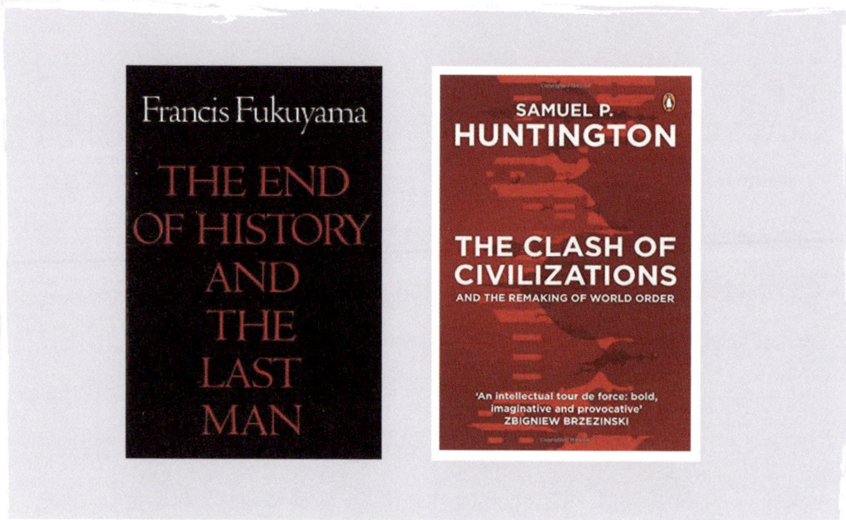

1900년대 초반 소련의 사회주의·공산주의 체제가 붕괴되자 서구 민주주의 국가에서는 낙관론이 팽배해졌다. 민주주의와 시장경제가 정체 체제 경쟁에서 최종적으로 승리하면서 사회제도의 발전이 끝났다는 인식이었다. 민주주의체제하에서 사회의 평화와 안전은 유지되며, 더 이상 전쟁이나 쿠데타 등의 불안정한 사건은 발생하지 않는다는 것이 핵심이다.

미국의 정치경제학자 프랜시스 후쿠야마(Francis Fukuyama)는 자유민주주의의 승리를 '역사의 종언'이라고 명명했다. 역사의 종언은 독일의 철학자 헤겔이 1806년 나폴레옹이 프로이센에 승리하면서 역사가 끝났다고 말한 것을 차용한 개념이다. 기존의 관점으로는 현실과 미래를 알 수 없게 됐고, 해당 사건을 기점으로 인류의 역사가 새로 쓰여야 한다는 뜻이다. 마찬가지로 냉전의 종식으로 자유민주주의에 대항하는 정치체제가 완전히 소멸했다고 판단하고, 역사의 종언이라고 결론지은 것이다.

1900년대 소련 붕괴 ⟶ 서구 낙관론 팽배
역사의 종언 "자유민주주의에 대항하는 정치체제는 소멸했다"

미국의 정치학자 새뮤얼 헌팅턴(Samuel Huntington)은 역사의 종언을 정면 반박했다. 냉전체제의 붕괴 이후 세계질서가 다극체제로 재편되고, 문명의 정체성이 새로운 갈등요소로 떠오를 것이라는 주장이다. 문명을 구분 짓는 가장 기본 요소는 종교이다. 기독교권(미국·서유럽), 정교권(러시아 등 구소련), 이슬람권(북아프리카·서아시아·중앙아시아·동남아시아), 유교권(중국·한반도), 아프리카권(사하라 사막 이남), 라틴아메리카권, 힌두권(인도·남아시아), 불교권(티베트·몽골·부탄), 일본권 등 9개의 문명권을 제시했다.

이념의 갈등은 문명의 충돌로 전환된다. 특히 헌팅턴은 기독교권과 이슬람 및 유교권의 충돌이 있을 것이라고 내다봤다. 이 같은 주장을 뒷받침하는 다수의 사건들이 실제 발생했다. 2001년 9·11 테러와 2014년 이슬람국가(IS)의 출현은 이슬람권과 기독교권의 갈등을 적나라하게 보여주는 사건이다. 중국의 경제적 성장과 패권 강화는 서구에 가장 큰 위협으로 떠올랐다. 미국은 중국의 부상을 저지하기 위한 가치동맹을 추구하고 있으며, 향후 양국의 패권 다툼은 더욱 치열해질 전망이다.

문명의 충돌은 전 세계적인 주목을 받았지만 이분법적 숙명론과 서구중심의 관점에 대한 비판을 받아왔다. 각각의 문명권 간에 공존 가능성을 완전히 배제한 채 대립에만 초점을 맞추고 있다. 이슬람권과 유교권을 민주주의체제에 대한 위협으로 규정했지만 헌팅턴의 구분은 자의적이고 모호하다. 국제사회에서 영향력이 작은 아시아권에 대한 구분은 실제 종교와는 다른 경우가 많고 비전문적이다. 일부 민족들은 9개의 문명권에 포함되지도 못했다.

문명의 충돌 : 이념 갈등이 문명 충돌로 전환
문명 구분 짓는 요소는 종교, 9개 문명권 제시
한계 : 이분법적 숙명론, 서구중심의 관점

역사의 종언과 문명의 충돌은 끝나지 않는 논쟁거리다. 두 관점 모두 냉전 종식 이후 변화하는 세계정세를 진단하는 새로운 패러다임을 제시했다는 평가를 받지만 한계도 명확하다. 현재 시점에서 후쿠야마의 주장과 달리 자유민주주의는 전 세계가 채택하는 정치체제의 표준은 되지 못했다. 헌팅턴의 예측대로 미국과 중국의 대립이 격화되면서 신냉전 체제가 언급되지만 단순히 문명의 충돌만으로 모든 것을 설명할 수는 없다. 그럼에도 불구하고 지금까지도 끊임없이 회자되는 이유는 국제정세를 이해하는데 여전히 유효한 측면이 있기 때문이다.

11

권위주의의 개념

권위주의는 민주주의의 반대 개념으로, 모든 비민주적 통치 체제를 의미한다. 20세기 들어 자유주의자들이 파시즘과 나치즘을 비판할 때 주로 사용되기 시작했다. 그러나 전체주의는 권위주의의 한 형태이지만 매우 예외적인 형태다. 북한처럼 독재자에게 모든 권력이 주어지고, 전체 시민들을 감시하는 국가는 매우 드물다. 사실상 전 국민의 확고한 지지가 전제돼야 하기 때문이다.

권위주의는 개인, 왕정, 군부, 정당, 종교 등 다양한 형태로 나타나는데 공통적인 특성은 경쟁적 선거의 부재이다. 현대에는 권위주의 국가에서도 선거가 실시되지만 실질적인 경쟁은 존재하지 않는다. 일반적으로 독재자가 국가 자원을 총동원해 자신이 원하는 결과를 만들어 내거나 원하지 않는 결과가 나오는 것을 막는다.

권위주의 : 민주주의의 반대, 모든 비민주적 통치 체제
형태 : 개인, 왕정, 군부, 정당, 종교

미국의 정치학자 후안 린츠(Juan Linz)에 따르면 권위주의는 정치적 다원성의 제약, 감정에 기초한 정통성, 최소한의 사회적 동원, 비공식성인 특징을 갖는다. 일단 권위주의 국가에서는 모든 정치참여와 활동이 보장되지 않는다. 독재자들은 내전이나 경제성장 등을 해결하기 위한 수단으로 정권 유지를 정당화한다. 대부분 사실상의 단일정당 아래 정치적 대중 동원은 이뤄지지 않는다. 정부의 권한은 법치주의에 근거하지 않으며, 모호하고 자의적으로 사용된다.

권위주의는 군부, 재계, 언론 등에 의존해 정치적 안정을 추구한다. 독재자들은 강력한 군사력과 안보를 강조하는 경향이 있다. 국가적으로 내외부의 적을 상정함으로써 내부적인 단합을 꾀한다. 많은 권위주의 국가들은 석유, 가스 등 천연자원을 활용해 막대한 군사비 지출을 감당한다. 군대 양성은 반대 세력 매수를 용이하게 하고, 조직적인 저항 운동을 억압하는 데 이용된다.

경제적으로는 비공식적 후원 그룹이 형성된다. 독재자들은 정권 유지에 필요한 핵심 세력과 지지자들에게 직업, 사업권, 수입 등을 제공하고 배분한다. 이들은 막대한 부를 축적할 수 있는 국가사업에 접근할 수 있으며, 독점적 지위를 가진 대기업으로 성장한다. 이를 통해 정권을 유지하기 위한 자금을 확보하고, 엘리트들의 직간접적인 충성을 이끌어 낸다.

전체주의는 체제 선전과 유지를 위해 대중매체를 적극적으로 활용했다. 대표적으로 나치 독일의 파울 요제프 괴벨스는 라디오, 영화 등을 통해 극단적인 반유대주의를 설파하고 온갖 악행에 앞장섰다. 그러나 현대 권위주의체제에서 미디어는 제한적인 용도로 많이 사용된다. 독재자에 대한 우호적인 보도를 보장받고, 반대세력에 대한 소식은 무시하고 다루지 않는 정도다.

모든 정치참여 보장X, 법은 자의적 적용
군부 · 재계 · 언론 등 동원 ⟶ 정치적 안정 추구

제3의 물결로 민주주의가 확산되면서 권위주의 체제는 지속적으로 감소해 왔다. 그러나 남미, 아프리카, 아시아 등에는 독재자들과 권위주의 정권이 여전히 유지되고 있다. 중국 등 일부 공산주의 국가들은 시장경제로의 이행을 거치면서 권위주의체제는 진화를 거듭하고 있다. 현재 우리는 민주주의 시대를 살아가고 있지만 권위주의체제에 대해 끊임없이 관심을 갖고 지켜봐야 하는 이유다.

12

개인독재

개인독재는 군부 또는 민간 출신의 1인에게 모든 권력이 집중돼 있는 형태다. 최고지도자가 주요 정책과 인사를 독점하며, 반대세력을 배제하는 수단으로 사용된다. 통치는 법과 제도보다는 독재자의 판단에 의해 좌지우지된다. 언론·집회·결사의 자유는 존재하지 않으며, 강력한 군대와 경찰을 동원한 공포정치가 이뤄진다.

개인독재 : 군부·민간 출신 1인에 모든 권력 집중
최고지도자 정책·인사 독점, 반대세력 배제

개인독재의 핵심에는 개인숭배가 있다. 대표적인 사례로 북한의 김일성, 이라크의 사담 후세인, 리비아의 무아마르 카다피 등이 있다. 통상적으로 개인숭배는 국민들의 지지를 확인하는 데 사용된다. 독재자에 대한 신화나 영웅담을 공개적으로 선전하고, 국민들의 태도를 관찰하는 방식이다. 예를 들어 북한에서는 김일성이 나뭇잎을 타고 압록강을 건너고, 솔방울로 수류탄을 만들었다고 교육한다. 이같이 비현실적인 내용을 사람들이 실제 믿는다기보다는 권력이 충성심을 측정하는 도구로 이용한다고 보는 것이 타당하다.

개인숭배는 반대세력의 조직적인 활동을 어렵게 만든다. 독재자에 대한 찬양이 일상화되고, 사회 전반에 '거짓말의 균형'이 생기기 때문이다. 국민들은 독재자나 정치체제에 대한 자신의 솔직한 의견을 드러낼 수 없고, 다른 사람들과 공유할 수 없다. 이러한 구조에서는 국민 대다수가 독재자를 반대하고 있다는 확신을 가질 수 없고, 독재체제는 장기간 유지될 수밖에 없다. 심지어 일부 국민들은 정보 차단과 세뇌교육에 힘입어 독재자를 신적 존재로 추앙하는 경우도 발생한다.

개인숭배는 충성심 측정하는 도구
반대세력 조직적 활동 어렵게 만드는 요인

개인독재에서 권력은 독재자의 가족, 측근, 군부 등 소수만이 공유한다. 특히 독재자들은 자신의 가족에게 권력을 승계하려고 한다. 아이티의 프랑수아 뒤발리에는 1957년 집권해 1971년 사망할 때까지 독재 권력을 유지했다. 1961년엔 대통령선거에 유일한 후보로 나와 100% 득표를 기록했고, 1964년엔 종신 대통령제를 99.9%의 찬성으로 통과시켰다. 1970년엔 사망 직전엔 만 19세 아들인 장클로드 뒤발리에를 차기 대통령으로 지명했고 15년간 세습 정권이 이어졌다.

개인독재에서 정치 엘리트들은 밀접한 이해관계로 얽혀있으며, 기득권을 포기하고 이탈할 동기가 매우 적다. 또한 가족을 제외한 인사들은 자주 교체되는 경향이 나타난다. 이는 최고지도자 이외의 다른 사람이 독립적인 정치 기반을 만들 수 없게 하기 위한 방편이다. 결국 독재자 사망, 재앙적 경제상황, 사회 시스템 붕괴 등에 의한 권력 전환이 이뤄진다. 이것이 민주주의체제로 이행되는 경우는 거의 없으며, 다른 독재자나 독재체제로 바뀌는 경우가 많다.

권력은 가족·측근·군부 등 소수만 공유
정치 엘리트는 밀접한 이해관계 형성

13

왕정독재

근대 이전 군주제는 가장 기본적인 정치체제였다. 전제군주제는 군주가 모든 통치권을 독점적으로 행사하는 막강한 형태다. 현대 국가에서는 민주주의의 발전과 함께 법률로 군주의 권한을 제한하는 입헌군주제나 군주 자체가 없는 공화제가 일반화됐다. 그러나 사우디아라비아, 아랍에미리트, 오만, 카타르, 바레인 등 아랍 국가들을 중심으로 사라지지 않고 여전히 남아있다.

현존하는 아랍 국가들의 군주제는 이슬람 전통을 기반으로 한다. 이곳에서 군주는 아미르(사령관), 쉐이크(부족의 지도자), 술탄(권위 있는 지도자) 등으로 불린다. 통상적으로 국왕을 중심으로 왕실의 직계 혈통들이 핵심 요직을 차지한다. 대부분은 왕이 아닌 왕자들에 의한 통치가 이뤄진다. 왕은 후계자인 왕세자를 지명할 수 있지만 사망 후엔 왕족위원회가 지명의 승인·변경을 요구할 수 있다.

왕정 : 근대 이전 가장 기본적인 정치체제
현존 아랍 국가의 군주제는 이슬람 전통 기반

왕정독재체제의 대표적인 사례는 사우디아라비아다. 국왕은 국가원수, 군 통수권자, 정부수반이다. 국왕은 총리를, 왕세자는 제1부총리를 겸직한다. 현재는 총리를 왕세자인 무함마드 빈 살만 알사우드가 맡고 있다. 의회는 따로 존재하지 않고, 선거는 지방단위에서만 이뤄진다. 형식상 의결기관인 슈라위원회는 국왕의 자문 역할을 담당한다. 슈라는 이슬람 전통에 따라 구성원들이 합의에 다다르는 협의체를 뜻한다. 위원들은 정책 제시, 예산 검토 등 일부 권한을 갖고 있다. 원래는 남성으로만 구성됐지만 2013년부터 여성의 참여가 이뤄졌다.

역사적으로 사우디아라비아는 무력으로 통합된 국가이다. 그래서 초대 국왕인 압둘아지즈 이븐 사우드는 유력 가문·부족과의 혼인을 통해 자신의 지배력을 강화했다. 이들에게 왕실 구성원에 맞는 부와 대접을 보장하고, 국가 통치를 혈연관계를 기반으로 공고히 한 것이다. 사우디아라비아는 1992년 기본법을 선포했고, 사우드의 아들과 손자들이 통치하는 군주제 국가임을 천명했다. 현재 왕실의 왕자들은 최소 7,000여 명으로 추산되며 200여 명이 장관·주지사 등 핵심 권력을 차지하고 있다.

사우디아라비아의 왕실은 형제 상속을 기본으로 한다. 2~7대 국왕은 모두 1대 국왕의 아들이다. 그러나 이븐 사우드의 아들 세대는 이제 나이가 들어 세대교체가 불가피한 상황에 이르렀다. 현 국왕인 살만은 2015년 자신의 조카인 무함마드 빈 나예프를 왕세자로 임명했다가 폐위시키고, 2017년 친아들인 무함마드 빈 살만 알사우드를 왕세자로 책봉했다. 이때 위협이 될 만한 왕족·정재계 고위인사들이 호텔에 감금되고, 은행계좌가 동결되는 등 대대적인 숙청이 단행됐다.

사우디아라비아의 시민사회 수준은 매우 낮다고 볼 수 있다. 선진민주주의 국가에서는 보편적인 헌법, 법치, 인권, 이익집단 등에 대한 인식이 상당히 떨어진다. 정치는 왕실 인사들에 의해 좌지우지되며, 공공영역과 민간영역의 구분이 따로 없다. 다만 과거 부족 시대의 관습을 기반으로 국왕에게 청원을 넣을 수 있는 권리가 보장된다. 이는 법률에 의거한 제도나 시스템이 아니며, 단순히 국왕의 자비로운 선정을 요구하는 것이다. 대다수의 국민들은 국왕의 자신들의 문제를 책임지고 해결해줄 것이라는 신민적인 태도를 갖고 있다.

〈사우디아라비아〉
국왕 중심 왕실의 직계 혈통 정치
국왕=총리, 왕세자=제1부총리
왕자 최소 7,000여 명 추산
장관·주지사 등 핵심 요직 차지

14

군사독재

군사독재는 무력으로 권력을 획득한 군인 출신 지도자와 무리들에 의해 운영되는 정치체제이다. 주로 전쟁 전후, 쿠데타, 내란 등을 거치며 사회가 민주주의를 받아들일 정도로 성숙하지 않을 때 생겨난다. 이러한 국가에서 군사교육을 받은 장교들은 엘리트 중 하나로 꼽힌다. 기본적으로 정권의 정통성이 결여돼 있기 때문에 부정부패, 범죄조직 등으로부터 나라를 구한다는 명분을 내세운다. 실상은 개인의 권력 욕구와 경제적 이익이 보다 더 주요한 변수로 작용한다.

군인들이 집권하면 일시적으로 사회 안정을 가져온다. 그러나 군부는 곧 새로운 기득권으로 자리 잡고, 반대파들을 숙청하는 등 인권 탄압에 나선다. 이 과정에서 대부분의 군사정권은 국가의 역량을 경제 발전에 총동원하는 개발독재를 지향한다. 경제성장을 위해서는 정치적 안정성이 뒷받침돼야 한다고 역설하며 독재를 정당화한다. 대표적인 사례로 우리나라의 박정희 정권, 아르헨티나의 비델라 정권, 칠레의 피노체트 정권 등이 있다.

군사독재 : 군인 출신에 의해 운영되는 정치체제
명분 : 부정부패, 범죄조직 등 척결
일시적 사회 안정 → 반대파 숙청, 인권 탄압

제2차 세계 대전 직후 아프리카, 남미, 아시아에서는 군사정권에 대한 부정적 인식이 많지 않았다. 냉전시기에는 미국과 서방이 오히려 신생독립국들의 군사독재를 묵인했다. 이는 소련에 우호적인 정부가 들어서는 것보다 낫다는 국제정치적 판단에서였다. 1990년대 소련이 붕괴되면서 군사정권도 내리막길에 접어들게 된다. 이때부터 서구사회가 독재국가를 대상으로 민주화를 압박하기 시작했다. 개발도상국들이 선진국의 경제 원조, 기술 지원 등을 받기 위해서는 최소한의 민주주의 제도를 갖출 것이 요구됐고, 쿠데타는 일부 국가의 일시적이고 제한적인 사건으로 받아들여졌다.

그러나 군사독재는 아직까지 완전히 종식되지 않았다. 미얀마는 세계에서 몇 안 되는 군사정권 중 하나다. 1948년 미얀마는 영국으로부터 독립해 아웅산의 반파시스트 인민자유동맹이 선거에서 승리했다. 그러나 내부 갈등과 경제 혼란을 겪었다. 결국 1962년 네윈의 쿠데타가 발생했고 53년간 군사 독재가 이어졌다. 2008년부터 표면상으로 자유선거가 실시됐지만 군부가 여전히 정치를 좌지우지했다. 2015년 총선에서 아웅산 수치의 국민민주연맹이 상하원 491석 중 390석을 차지했고 군부 독재가 이제 막을 내리는 듯 보였다. 그러나 2021년 군부가 쿠데타를 일으켜 아웅산 수치가 구금되고, 민 아웅 흘라잉 국방군 총사령관이 권력을 잡았다.

군사독재의 가장 큰 위협은 내부에 있다. 군부 지도자 간 파벌이 정부의 안정성을 흔드는 요소이며, 쿠데타와 통치자 교체가 반복적으로 일어난다. 다른 권위주의체제에 비해서는 집권 기간이 짧고, 민주주의체제로 전환되는 경우가 흔하다. 군부 내에서 권력 다툼이 발생할 시 통치자들이 국민들의 시선을 돌리기 위해 선거를 활용하거나 민간으로의 권력 이양을 시도하기 때문이다. 군부는 무력을 기반으로 얼마든지 다시 정권을 잡을 수 있으며, 민간정부가 자신들의 권력과 이익을 무시할 수 없다는 판단이 깔려 있다.

냉전시기엔 미국 묵인, 소련 붕괴 후 민주화 요구
군부독재 여전히 존재, 군부 간 파벌 → 정치적 불안 요소

15

정당독재

정당독재는 집단독재의 한 형태로, 일당제나 일당우위제인 정치체제를 말한다. 일당제는 단 하나의 정당만이 존재하며 정부를 독점 운영한다. 과거 공산주의체제에서 채택하던 방식으로 현재도 중국 공산당, 베트남 공산당, 쿠바 공산당, 북한 조선노동당 등에 남아있다. 소련의 붕괴 과정에서 볼 수 있듯이 당의 결정에 대한 비판이 불가능해지면서 정책 실패에 빠질 가능성이 상당히 높다.

정당독재 : 일당제·일당우위제인 정치체제
일당우위제 : 형식적 다당제, 모든 권력 한 정당 차지
당 비판 불가능 → 정책 실패 가능성↑

일당제 중에서 현존하는 중국 공산당은 가장 중요한 사례다. 중국 정치제제를 한마디로 표현하면 당이 모든 것을 영도한다. 당의 슬로건은 '인민을 위해 복무한다'이며 당원은 9,000만 명 이상으로 추정된다. 정부와 민간 영역 모두에서 당 조직이 활발하게 운영되고 강력한 통치력을 행사한다. 당의 최고 기구는 전국대표대회로 5년에 1회 개최되고, 이곳에서의 정책 결정은 국가의 주요 지침이 된다. 중앙위원회는 전국대표대회의 결의를 집행하고 전반적인 당의 업무를 맡는다. 국가기관으로는 전국인민대표대회가 입법부, 국무원이 행정부, 최고인민법원이 사법부 역할을 한다.

중국 공산당은 당내 파벌 간 경쟁과 견제가 이뤄지고, 제한된 임기로 1인 독재체제와 명확히 구분됐다. 그러나 2022년 시진핑 국가주석이 3기 연임을 확정하고, 시자쥔이 정부 요직을 모두 차지했다. 시자쥔은 태자당 출신의 시진핑계 세력으로, 중국 공산당 내 최대 계파로 떠올랐다. 전통적으로 태자당, 공천단, 상하이방 등 계파가 존재해 왔고 한 사람이 2~3군데에 모두 속하는 경우가 많다. 태자당은 중국 공산당 원로 간부들의 자제들로 구성돼 있으며, 정·관·재계에서 막강한 권력을 행사해 왔다. 공청단은 중국공산당의 청년 조직을 기반으로 하며, 대표 인물로는 후진타오 전 주석이 있다. 상하이방은 상하이 관료 출신들로 이뤄져 있으며, 장쩌민 전 주석 집권 때 형성됐다.

일당우위제는 형식적으로는 여러 정당이 존재하고 선거에 참여하나

실질적으로는 하나의 정당이 모든 권력을 차지하고 있다. 비경쟁적 정당 체제이기 때문에 일당제와 큰 차이는 없다. 지역·민족·종교 등 국가 내 다수 집단의 절대적 지지에 의존하며, 가까운 미래에 선거에서 질 확률이 매우 낮은 경우에 해당한다. 대표적으로 러시아의 통합러시아, 튀르키예의 정의개발당, 캄보디아의 인민당, 르완다의 애국전선, 베네수엘라의 연합사회당 등이 있다.

러시아는 헌법상으로는 삼권분립, 자유롭고 공정한 선거 등 민주주의 국가를 표방한다. 하지만 블라디미르 푸틴 대통령에 반대하는 세력은 제거되며, 부정 선거가 비일비재하게 일어난다. 대통령은 법적으로 무소속이지만 통합러시아가 여당 역할을 한다. 이들은 연방의회 하원인 국가두마 450석 중 325석을 차지하고 있다. 제1야당으로는 마르크스·레닌주의를 표방하는 러시아 연방공산당, 제2야당으로는 사회민주주의 노선의 공정 러시아, 제3야당으로는 극우 성향인 러시아 자유민주당이 있다. 이 밖의 군소정당들도 존재하나 정치적 영향력은 미미하다.

정당독재를 위협하는 요인은 당내 파벌이 가장 크다. 다수파는 내부 분열을 막고, 정권을 안정적으로 유지하기 위해 소수파를 포섭하는 전략을 쓴다. 특히 정치·경제적 위기 발생 시 국면 전환용으로 소수파의 정치 참여 기회와 개혁이 부분적으로 단행된다. 이때 다수파는 자신들이 독점하고 있는 인사권, 경제력 등 각종 자원을 활용한다. 단기적인 위기나 사소한 사건이 체제 붕괴로 이어질 가능성은 현저히 낮다. 반대로 장기적이고 중대한 사태가 생긴다면 소수파들의 이탈이 발생하고, 급격하게 정권이 무너질 수도 있다.

당내 파벌 → 정당독재 가장 큰 위협
다수파는 정권 안정 위해 소수파 포섭

16

종교독재

신권정치는 근대 초기까지 동서양에서 많이 관찰됐다. 고대 이집트의 파라오를 생각해 보면 알 수 있듯, 주로 통치자가 신이나 신의 대리자로 여겨지면서 절대적 권력을 행사한다. 유사한 개념으로는 왕권신수설과 종교국가가 있다. 왕권신수설은 통치자가 자신의 권력을 신으로부터 받았다고 주장하지만 종교적 원리로 통치하지 않는다는 차이가 있다.

종교국가 역시 국교가 존재하고, 종교가 정치에 큰 영향을 미친다. 그러나 국가가 종교지도자에 의해 통치되지 않는다는 점에서 다르다.

신권정치 : 근대 초기까지 동서양에 모두 존재
왕권신수설 : 권력은 신의 의사 근거, 종교적 지배 X
종교국가 : 종교가 정치에 큰 영향, 종교지도자 통치 X

현대에서 종교지도자를 중심으로 하는 권위주의 정권은 정말 드문 형태다. 대부분의 이슬람 국가들에서도 종교와 정치가 분리돼 있는 것이 일반적이다. 하지만 이란에서는 1979년 이슬람 혁명의 산물로 이슬람법학자 통치가 이뤄진다. 종교지도자가 이슬람 근본주의를 바탕으로 지배력을 행사하며, 이슬람 율법을 기초로 한 법률 체계를 갖고 있다.

이란은 신권정치와 삼권분립이 결합한 독특한 구조다. 최고 지도자인 라흐바르는 행정, 군사, 외교, 종교 등 모든 국가 기관을 통치하며 막강한 권력을 지닌다. 이란 이슬람 공화국을 출범시킨 아야톨라 루홀라 호메이니 이어 현재는 아야톨라 알리 하메네이가 권력을 쥐고 있다. 라흐바르는 이슬람 율법 전문가 회의에서 선출되고 임기는 종신직이다. 만약 국민의 신망을 잃었을 경우 해임할 수 있는 권한을 갖고 있지만 사실상 유명무실화됐다. 대통령의 취임, 장관 임명은 라흐바르의 승인이 반드시 필요하다. 법률, 예산안 등 역시 라흐바르가 마음대로 수정할 수 있다.

헌법수호위원회(수호자평의회)는 라흐바르가 임명한 이슬람 율법 전문가 6인과 대통령이 지명한 법학자 6인으로 구성된다. 우리나라의 헌법재판소처럼 헌법을 해석하는 역할을 한다. 또한 율법 전문가 회의, 대통령, 의원에 출마하는 사람들을 사전에 심사하고, 부적격자를 떨어뜨린다. 아울러 최고지도자에게 반대하는 세력이나 사람을 사후적 제명시키고, 유사시에 최고지도자가 수호자 평의회의 결정을 뒤집는 것도 가능하다.

대통령은 4년마다 국민들의 직접 선거로 뽑지만 제한된 권력만 주어진다. 형식상 9명의 부통령과 22명의 장관으로 구성된 내각을 운영한다. 행정부 산하에는 국회의장, 대법원장, 참모총장, 외교, 내무, 정보부 장관, 혁명 수비대 사령관 등이 있다. 의회는 290명으로 구성되고 임기는 4년이다. 의결 법안은 헌법수호위원의 비준과 대통령의 서명으로 확정된다. 사법수장의 임기는 5년이며, 3심제를 채택하고 있다. 사법 제도와 정책은 이슬람 율법이 엄격하게 적용된다.

대부분의 이슬람 국가 종교·정치 분리
이란 : 1979년 이슬람 혁명 → 이슬람법학자 통치
대통령 4년마다 직접 선출, 제한된 권력

17

민주주의의 과제와 도전

김영삼(6%), 김대중(24%), 노무현(12%), 이명박(21%), 박근혜(5%), 문재인(29%). 역대 대한민국 대통령들의 최저 지지율이다. 정치 지도자들의 지지율 하락은 특정 국가에만 국한된 문제는 아니며, 민주주의를 채택하고 있는 모든 나라에서 공통적으로 벌어지고 있다. 1970년대 이후부터 현재까지 정치인에 대한 지지는 추세적으로 감소해 왔고, 대의 민주주의 체제에 대한 의구심을 품게 만들고 있다.

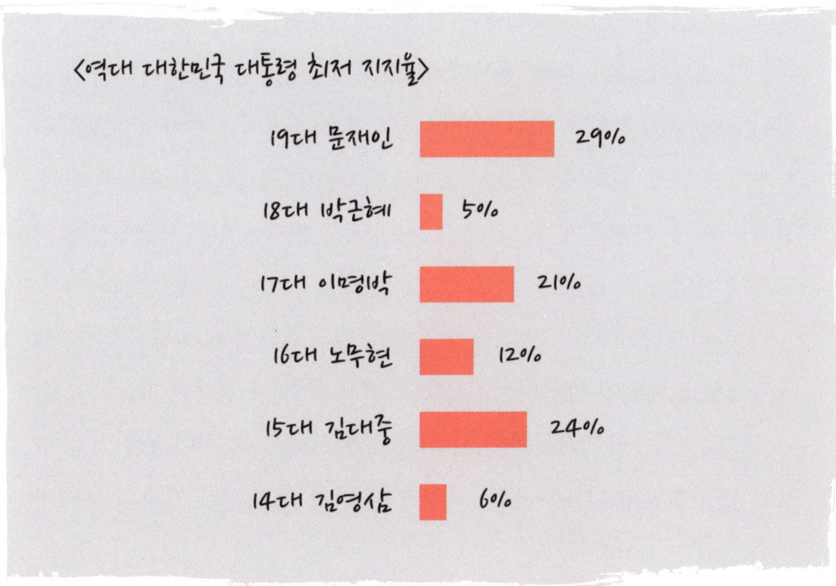

민주주의 국가들은 내외부적으로 도전받고 있다. 과거에는 경제 성장률, 미디어의 영향력, 정치제도 차이 등의 내적 요인들이 국정 지지도 하락을 야기했다고 생각했다. 그러나 경제협력개발기구(OECD) 국가들을 살펴봤을 때 경제성장률이 단기적으로 지지율에 큰 영향을 미친다고 볼 수 있지만 장기적인 추세까지 설명할 수 없다. 언론에서 대형 정치스캔들이 보도됐을 때 역시 마찬가지다. 대통령제·의회제, 소선거구제·중대선거구제 등 국가별 차이도 유의미하다고 볼 수 없다.

현대 민주주의 국가에서 공통적으로 발견되는 요소는 높은 교육·소득 수준, 가치의 변화, 복잡한 갈등상황 등을 꼽을 수 있다. 실제 국민들의 정치적 불만은 교육을 많이 받고, 소득이 높아질수록 더 커지는 경향이 있다. 젊은 세대들의 경우 민주주의에 대해 기대감이 높고, 특정 정치인이나 정당에 대한 지지도가 약하다. 이들은 온오프라인에서 정부에 대한 비판과 책임을 요구하기도 한다.

산업화 시대만 하더라도 기성 정치인들과 정당들은 경제, 복지, 안전에만 충실하면 됐다. 그러나 개인주의 확산, 삶의 질적 향상, 생활방식의 자유로운 선택 등이 대세가 되면서 판도가 바뀌었다. 이제 사람들은 권위주의 체제에 대한 강한 거부감을 갖고 있으며, 기존 정치제도에 대한 지지도가 낮은 편이다. 또한 과거엔 경제와 계급적인 이슈가 주요했다면 현대에는 환경, 젠더 등 새로운 문제들이 나타나고 있다. 이것들은 정책 결정을 매우 복잡하게 만들며, 모든 사람을 만족시킬 수 없게 되면서 지지율 하락을 가져온다.

외부적 위협 요인은 초국가적 경쟁과 권위주의의 재부상이 있다. 세계적으로 경제적인 상호의존이 심화되면서 국가 간 경쟁이 격화되고 있다. 국가는 첨단산업에서의 우위를 점하기 위해 자국 기업들의 기술 확보와 연구개발(R&D)을 적극 지원하고, 다양한 정책적 지원을 아끼지 않고 있다. 국제 경쟁에서 살아남기 위해서는 정치권이 강한 리더십과 응집력을 요구받게 되고, 민주주의 체제의 훼손이 일어날 수 있다.

중국의 부상은 민주주의에 대한 강력한 도전으로 받아들여진다. 중국은 일당제 권위주의 체제 모델로, 엄청난 경제 성장을 이뤄냈다. 중국의 승계정치는 제도화에 성공했고, 핵심권력자들은 업적과 능력 위주의 선발과정을 거치도록 돼있다. 국가의 억압과 개인의 자유 제한 등에 대한 불만은 존재하지만 정치체제에 대한 국민 지지도는 민주주의보다 압도적으로 높다. 민주주의는 그동안 사회 안정과 경제 성장 측면에서 권위주의보다 우월하다고 인식됐다. 그러나 중국 모델의 성공은 이제 개발도상국들에게 있어 민주주의만큼 매력적인 정치적 대안이 될 수 있다. 민주주의와 권위주의의 체제 경쟁은 아직 끝나지 않았다.

대의민주주의 체제 의구심 확산
내부적 위협 : 교육·소득 수준, 가치의 변화, 복잡한 갈등상황
외부적 위협 : 초국가적 경쟁, 권위주의 재부상

II.

정치사상

01

이데올로기

이데올로기는 관념적 이상(idea)과 과학적 인식(logik)의 합성어이다. 어원만으로는 의미가 한 번에 와닿지 않는데, 쉽게 말하면 세상을 바라보는 관점이나 사상을 말한다. 인간, 자연, 사회를 규정짓는 모든 학문에서 사용할 수 있으며 세계관, 종교관, 가치관, 사고방식 등 다양한 신념체계를 총망라한다. 그러나 통상 이데올로기는 정치 이념과 같은 뜻으로 받아들여지고 있다. 정치 이데올로기는 국가, 계급, 정당 등 국내·국제정치를 인식하는 기준이 되는 사고의 틀로 볼 수 있다.

이데올로기라는 용어는 프랑스혁명 당시 처음 등장했다. 프랑스의 철학자 데스튀트 드트라시(Destutt de Tracy)는 기존의 종교, 형이상적인 방식에서 벗어나 관념을 합리적으로 연구하는 것을 이데올로기라고 규정했다. 이때 나폴레옹은 자신의 반대파를 경멸적인 의미를 담아 이데올로그(관념론자들)라고 불렀다. 여기서 이데올로그는 공상적인 언사만 늘어놓는 사람들을 일컫는다. 독일의 사상가 칼 마르크스(Karl Marx)는 이데올로그를 자본가의 이익을 사회 전체를 위한 것으로 선동하는 사람이라는 부정적 의미로 썼다. 현재는 특정 계급이나 당파를 입장을 대변하는 이론가라는 중립적인 뜻으로 사용된다.

사실 이데올로기는 우리에게 익숙하지 않고, 불필요하고, 낡은 개념으로 인식된다. 대한민국은 자유민주주의 국가이고, 대다수의 사람들은 더 이상의 이념 논쟁은 의미가 없다고 생각하기 때문이다. 그러나 20세기까지만 해도 전 세계를 자유주의, 공산주의, 파시즘이라는 세 가지 이데올로기가 지배했다. 자유주의와 공산주의는 잠시 손을 잡고 파시즘과의 전쟁을 치러냈고, 최종적으로 자유주의는 공산주의와의 대결에서 승리했다. 이렇게 이데올로기 갈등이 끝이 난 줄 알았다. 그런데 현대사회에서도 이데올로기 갈등은 지속되고 있다. 심지어 인종, 종교, 젠더, 문화 등 과거보다 다층적이고 복잡한 양상을 띠고 있다.

이데올로기는 정치적인 현상을 이해하고 설명하는 데 도움을 준다. 특히 어떤 위기나 갈등 국면에서 각각의 사상마다 다양한 답변을 제시한다. 예를 들어 사람들은 인플레이션이 왜 발생하는지, 전쟁이 왜 발발하는지 등에 대해 궁금해 한다. 자유주의자들은 인플레이션을 정부의 간섭으로 인한 실패로 진단할 것이다. 공산주의자들은 전쟁을 노동자와 자본가의 대립 속 프롤레타리아가 주체가 되는 계급혁명의 확산 과정으로 인식한다. 이처럼 각각의 이데올로기들은 세상을 자신들의 관점으로 이해시키려고 한다.

이데올로기는 옳고 그름의 판단 기준을 제시한다. 똑같은 정부 정책을 놓고 자유주의자들은 개인의 자유를 증대시키는 감소시키는 방향인지로 찬성 또는 반대를 결정한다. 반면 공산주의자들은 노동계급이 이로운지, 페미니스트들은 여성의 권익에 도움이 되는지를 따져 물을 것이다. 이 때문에 이데올로기 사이에 대립 구조가 만들어지고, 지지자들 간의 언쟁과 충돌이 빈번하게 발생한다. 여기서 우리가 반드시 맞고, 상대방은 무조건 틀렸다는 이분법적 사고에 빠질 가능성도 농후하다.

이데올로기는 지지자들에게 정체성을 부여한다. 사람들은 인종, 민족, 젠더 등 자신이 속한 집단과 세상과의 관계를 명확하게 설정하는데 기여한다. 만약 당신이 공산주의자라면 노동자로서 자본가와 맞설 테고, 페미니스트라면 여성으로서 가부장제와 성적 억압을 종식시키는데 힘을 쏟을 것이다. 따라서 사회 구성원의 대다수가 이데올로기를 공유한다면 원활한 대화와 상호 이해를 통해 사회 통합을 이끌어내는데 도움이 된다. 반대로 사회적 합의가 이뤄지지 않을 경우 상대에 대한 맹목적 비난, 폭력 사태 등 혼란과 무질서에 놓일 수 있다.

이데올로기는 구체적인 실천 프로그램을 제안한다. 이것이 바람직한 방향성만 제시하는 이상사회와 구분되는 지점이다. 이데올로기는 지지자들이 무엇을, 어떻게 할지에 대한 강령을 갖고 있다. 이데올로기가 현재 체제의 문제점을 진단만 하고, 처방을 내리지 못한다면 지지를 잃게 될 것이다. 가장 극단적인 사례로 나치 독일은 사회적 혼란을 타개할 방법으로 게르만족의 우월성과 유대인 배척을 강조했는데 지지자들은 열등한 유대인, 유색인종, 장애인 등을 고립시키고 학살하는데 동조했다.

이데올로기의 종언은 이미 틀렸음이 입증됐다. 오히려 이데올로기는 결코 사라질 수 없는 것에 가깝다. 대다수 선진국들이 받아들이고 있는 자유민주주의조차 전 세계적으로 보편화된 체제는 되지 못했다. 그런 정치사상이 설사 존재한다고 해도, 해당 합의는 단기에 그칠 가능성이 높다. 우리가 예측하지 못한 갈등 요인이 수도 없이 터져 나올 것이 자명하기 때문이다. 결국 앞으로도 이데올로기는 복잡한 세상을 설명하고, 방향을 설정하는 나침반 역할을 할 것이다.

〈이데올로기 기능〉
옳고 그름 판단 기준 제시
지지자들에 정체성 부여
구체적인 실천 프로그램 제안

02

정치적 스펙트럼

좌파와 우파는 정치적 스펙트럼을 인식하는 데 있어 가장 쉬운 접근법이다. 그러나 대한민국에서 좌파와 우파라는 용어는 금기어에 가깝다. 대신 진보와 보수라는 조금 더 모호한 표현을 훨씬 많이 쓴다. 이는 서구와 달리 한반도 분단 상황이라는 특수성이 정치성향을 가르는 중요한 잣대로 인식되고 있기 때문이다. 그러나 정치학적으로 좌파와 우파를 구분할 때 북한에 대한 관점은 제외하고 판단하는 것이 타당하다.

좌파와 우파는 프랑스혁명 당시 좌측에 급진파인 자코뱅파가, 우측에 온건파인 지롱드파가 앉은 것이 기원이다. 통상적으로 좌파와 우파는 체제에 대한 인식과 변화의 속도에서 차이를 보인다. 좌파는 구체제에 저항하고, 급진적인 혁명을 주장하는 반면 우파는 전통을 중시하고, 점진적인 개혁을 추구한다. 그러나 소련의 붕괴 이후부터는 혁명보다는 선거와 개혁이 보편화되면서 현대에서는 이 같은 차이가 큰 의미를 갖지 못하게 됐다.

<정치적 스펙트럼>

정치적 스펙트럼을 가르는 첫 번째 중요한 요소는 경제를 바라보는 관점이다. 20세기까지만 하더라도 좌파는 국유화, 우파는 자유시장을 지향하는 사람들을 말했다. 그러나 전 세계적으로 자유시장경제가 표준이 되면서 구분이 모호해졌다. 그럼에도 좌파와 우파는 지향점에서 차이가 있다. 좌파는 성장보다 분배에 초점을 맞춘다. 자본주의체제에서 발생하는 불평등을 완화하는 정책을 옹호하고 큰 정부, 세금 인상, 복지 확대에 동의한다. 반면 우파는 분배보다는 성장을 추구한다. 자연적으로 생기는 불평등은 당연한 것으로 받아들여지고 작은 정부, 세금 인하, 복지 축소에 찬성한다. 이러한 점에서 좌파와 우파는 나라와 시대를 넘어 정당과 공약을 비교하는데 여전히 유용한 틀이다.

두 번째 중요한 요소는 개인과 사회의 관계이다. 개인중시는 말 그대로 국가보다 개인의 독립·자유를 최우선 가치에 둔다. 반면 사회중시는 국가 발전을 위해 개인의 독립·자유는 억압될 수 있다고 생각한다. 개인중시에서 좌파는 제3의 길, 무정부주의 등이 있으며 우파는 신자유주의, 자유지상주의 등이 존재한다. 사회중시에서 좌파는 사회민주주의, 공산주의 등이 위치하며 우파에서는 보수주의, 파시즘 등이 자리하고 있다.

좌파 : 성장<분배, 불평등 완화 정책
우파 : 분배<성장, 세금인하·복지축소
개인중시 : 국가보다 개인 자유 우선
사회중시 : 국가 위해 개인 억압 가능

많은 사람들이 극좌와 극우는 서로 통한다는 말을 자주 한다. 극단적 정치 성향의 경우 반대세력에 대한 포용을 일절 허용하지 않기 때문이다. 또한 좌파와 우파보다는 개인중시와 사회중시 측면에서 공통성을 갖고 있어서다. 예를 들어 개인중시에서는 무정부주의와 자유지상주의가 극도로 개인의 자유를 강조한다는 점에서 유사하고, 사회중시에서는 공산주의와 파시즘이 국가를 최우선으로 생각한다는 점에서 동일하다. 정치적 스펙트럼을 단순히 좌파와 우파가 아닌 다각도로 볼 필요가 있는 셈이다.

정치사상은 민주주의가 발전하면서 끊임없이 세분화되어 왔다. 좌파든 우파든 어떤 사상과 결합했고, 무엇을 가장 중시하는지에 따라 같은 갈래에서도 큰 차이가 보인다. 이렇게 좌파와 우파는 의미 역시 끊임없이 변화해 왔고, 국가와 사회에 따라 상대성을 지닌다. 일례로 유럽에서의 우파가 대한민국에서는 좌파로 받아들여질 수 있다. 현대 민주주의 국가에서 좌파와 우파는 명확한 개념이라기보다는 여러 사상을 담을 수 있는 하나의 그릇이라고 보는 것이 맞다.

03

자유주의

자유주의는 자유를 최고의 가치로 여기며, 사회제도는 자유를 증진시키는 방향으로 발전해야 한다고 믿는다. 자유주의에 대한 흔한 착각은 'Freedom'과 'Liberty'를 구분하지 못함에서 시작된다. Freedom은 단순히 구속·간섭이 없는 상태, 자기 마음대로 행동하는 일을 뜻한다. 반면 Liberty는 타인의 권리를 침해하지 않는 상태를 의미한다. 정치 영역에서 자유는 사회적·법적 테두리 내에서 개인의 자유를 중심으로 다른 사람의 자유를 보장하고 더 확대해 나가는 개념이다.

자유주의의 중심 주제는 개인의 강조, 자유의 중시, 이성에 대한 믿음, 정의, 다양성·관용이 있다. 자유주의는 르네상스와 종교개혁으로 부활한 개인 중심의 가치를 기초로 한다. 가족·공동체·계급에 구속됐던 중세 질서에서 벗어나 개인의 특성이 중시되고 평등한 존재로 인식한다. 생명·재산·자유는 결코 침해할 수 없는 천부인권으로 여겨지며, 사회·국가가 침해할 경우 권력자에 대한 저항권이 인정된다.

개인은 권리를 갖고 선택할 수 있는 자유가 있다. 예를 들어 정치적 자유, 사상과 양심의 자유, 언론 및 집회의 자유 등이 해당된다. 적극적 자유의 개념은 자율적 자기 결정이 핵심이다. 자유를 가진 사람은 다른 사람의 억압·강요에 흔들리지 않고, 옳고 그름을 생각하지 않고 관습을 따르지 않는다. 또한 자신의 선택을 비판적으로 재평가하고, 순간적·단기적인 쾌락만을 추구하지 않으며, 장기적인 효용을 고려한다.

이성에 대한 믿음은 인간은 합리적 존재라는 가정에 있다. 이성의 힘으로 편견, 미신, 무지로부터 벗어날 수 있으며 토론, 논쟁, 협의를 강조한다. 정의는 형식적인 평등, 기회의 평등, 실력에 따른 대우 등 마땅히 이뤄져야 할 분배로부터 달성된다. 자유주의는 종교, 사상, 문화 등 다양성을 존중하며 만약 의견이 다를 경우 논쟁은 할 수 있지만 물리적 폭력은 허용하지 않는다.

Freedom : 구속·간섭 없는 상태
Liberty : 타인의 권리 침해하지 않는 상태
자유주의 : 개인, 이성, 정의, 다양성, 관용 중시

최초의 자유주의 담론은 17~19세기 서유럽으로 거슬러 올라간다. 고전적 자유주의는 천부인권과 경제적 자유에 중점을 뒀다. 개인의 자유를 최대한 보장하면 자연스럽게 사회는 바람직하고 합리적인 질서가 형성된다. 국가는 국방, 외교, 치안 등 개인의 자유·재산권을 보호하는 수준의 야경국가를 가장 이상적이라고 생각했다. 경제는 영국의 경제학자 애덤 스미스(Adam Smith), 데이비드 리카도 (David Ricardo) 등 이론을 적극 받아들였다. 정부의 개입이 최소화되고, 시장의 자유가 최대화될 때 사회의 부가 증대된다. 시장은 수요와 공급에 따른 가격의 원리가 작동되며, 최적의 자원 배분과 효율성이 실현된다고 믿는다. 그러나 공공재, 정보의 비대칭성, 불완전 경쟁시장, 독과점 등 시장 실패에 직면했다.

사회적 자유주의는 19~20세기 고전적 자유주의의 한계를 극복하고 빈부격차, 저임금, 실업 등을 해결해야 한다며 등장했다. 과도한 시장 통제와 국유화는 반대하며 시장경제를 지지한다. 다만 국가가 개인의 자유와 기회균등을 위해 보다 더 적극적인 조치를 하는 큰 정부를 지향하고 최저임금, 연금제도, 의료보험제도, 보편적 교육 등 복지정책에 동의한다. 개인의 자유와 사회적 개입이 공존할 수 있느냐는 철학적 비판이 제기되지만 현재도 많은 나라와 정당에서 채택하고 있는 사상 중 하나다. 경제는 영국의 경제학자 존 메이너드 케인스(John Maynard Keynes)의 이론에 기초한다. 케인스학파는 정부지출을 늘려 유효수요를 창출해 실업을 없애고 완전고용을 이룰 수 있다고 생각한다. 하지만 규제의 불완전성, 권력에 의한 특혜 등에 의해 비효율이 초래되는 정부 실패가 발생할 수 있다.

신자유주의는 1970년대 경기침체·물가상승이 동시에 일어나는 스태그플레이션 상황에서 케인스학파에 반기를 들며 등장했다. 신자유주의는 자유시장, 자유무역, 세금 축소, 규제 완화, 노동시장 유연화 등을 주장하며 영국의 마거릿 대처, 미국의 로널드 레이건 정부에서 채택됐다. 일종의 고전적 자유주의 부활로도 볼 수 있다. 그러나 고전적 자유주의는 국가 개입을 무조건 반대한다면 신자유주의는 국가가 시장 질서를 보장하는 방법을 추구한다. 경제는 시카고학파의 통화주의 이론을 기반으로 한다. 통화주의는 화폐 공급량과 중앙은행의 역할을 중시한다. 케인스식 경제 정책에 반대하며, 적절한 통화 공급과 균형 예산을 강조한다. 이를 기점으로 선진국들의 산업이 제조업에서 금융업으로 재편성되면서 금융자본주의시대가 열렸다. 그러나 선진국에 유리한 패권적 자유 무역, 빈부격차 확대, 민주주의 훼손 등 비판을 받았고 2008년 서브프라임 모기지 사태가 터지면서 힘을 잃게 됐다.

고전적 자유주의 : 17~19세기, 작은 정부 · 시장 자유 맹신
사회적 자유주의 : 19~20세기, 큰 정부 · 복지정책 동의
신자유주의 : 1970년대, 자유무역 · 세금축소 · 규제완화 주장

04

보수주의

에드먼드 버크의
『프랑스혁명에 관한 성찰』

보수주의는 급격한 사회 변화를 피하고, 기존 체제의 유지·발전을 추구하는 이념이다. 1790년 영국의 정치가이자 철학자인 에드먼드 버크(Edmund Burke)의 '프랑스혁명에 대한 성찰' 이후 사상적 토대를 갖췄다. 1818년 프랑스에서 왕당주의 운동 기관지 '보수주의자'가 발간되면서 보수주의라는 용어가 처음 사용됐다. 이때까지만 해도 민주주의 확산을 막기 위한 귀족 계급의 이데올로기에 불과했다. 그러나 19세기 후반부터는 사회주의·공산주의 체제에 대항해 자유주의·시장경제를 옹호하는 이념으로 발전했다.

보수주의의 중심 주제는 전통주의, 인간의 불완전성, 유기체론적 사회관, 위계질서와 권위, 재산이 있다. 전통주의는 급격하고 대규모적인 변화는 부정적 결과를 가져온다고 믿는다. 전통은 과거의 축적된 지혜이며 소중히 여겨야 할 대상으로, 사회구성원들의 소속감과 응집력의 원천이 된다. 결국 사회의 급진적 변화는 강력한 저항에 부딪치게 되므로 점진적 변화가 바람직하다고 본다.

보수주의는 인간의 불완전성을 인정한다. 인간의 타고난 본성은 악하다는 성악설을 기반으로, 개인들은 안전 추구의 심리를 갖고 있다. 그만큼 사회 변화는 온건한 실용주의적 접근이 필요하다. 사회는 하나의 유기체로써 구성요소들이 하나하나 매우 복잡한 관계로 이뤄졌다고 인식한다. 유기체론적 사회관에 따르면 서로 연결된 부분들을 함부로 떼어내거나 바꾸기 어렵고, 다른 환경으로 옮겨졌을 때 잘 적응할 수 없다. 그래서 국가마다 이어져온 전통적 기본질서의 차이는 존중되고 보존돼야 한다.

보수주의는 인간은 태어날 때부터 신체, 능력, 성격 등 차이가 있기 때문에 자연적으로 불평등하다고 생각한다. 사회적으로 계층구조가 형성되는 것은 당연하며, 자발적으로 통치를 받아들이는 권력관계가 성립되고 권위가 제도화된다. 개인의 재산권과 안전은 보호받아야 마땅하다. 그러나 지나친 개인주의, 무절제한 경쟁 등 자유방임에는 반대한다. 모든 권리에는 의무가 따르며, 온정주의적 관점에서 최소한의 국가 개입은 허용될 수 있다.

귀족 계급 이데올로기 ⟶ 사회주의·공산주의 대항
보수주의 : 전통, 유기체론, 위계질서, 권위, 재산 초점

보수주의는 다른 사상들과 결합하며 진화해 왔다. 자유보수주의는 보수주의의 가치와 고전적 자유주의가 결합한 이념이다. 특히 영국의 경제학자 애덤 스미스(Adam Smith)가 주창한 시장경제 체제를 적극 수용했다. 보수주의의 기초인 전통, 종교, 도덕성 등을 옹호하면서도 개인의 책임성, 시민권, 제한된 복지국가 등을 추구하는 방향으로 나아갔다. 대표적인 정당으로는 영국의 보수당, 프랑스의 공화당, 독일의 기독교민주연합 등이 있다.

사회보수주의는 보수주의와 사회적 가치가 혼합된 분파다. 사회적 가치란 가족, 종교, 문화 등을 의미하며 기존의 사회 질서 유지 및 안정을 추구한다. 유럽에서는 20세기 초반 기독교 성향의 보수적 노동자 정당에서 처음으로 등장했다. 미국에서는 20세기 후반 연방 정부 차원에서 전통 가치를 보존하기 위한 입법이 활발해지면서 대두됐다.

국민보수주의는 민족주의를 기반으로 한 보수주의의 한 갈래이다. 전체주의, 인종주의 등 과격한 민족주의 성향은 아니며 합법적인 방식을 지향한다. 통상적으로 국민단결, 국교, 반이민정책 등을 내걸고 있다. 특히 이민 제한은 공동체 보호를 위한 필수적인 정책으로 여겨진다. 이민자들이 늘면서 사회적 비용 급증하고, 복지 시스템 자체가 붕괴될 수 있다는 우려에서다. 경제적으로는 반공주의를 기반으로 경제 발전을 추구하나 국가별로 일관된 경향성을 찾긴 어렵다.

신보수주의는 영국의 마거릿 대처, 미국의 로널드 레이건 정부의 정책 기초를 따르는 이념이다. 기존 케인스학파의 큰 정부, 복지 확대 등을 비판하고 작은 정부, 시장의 부활, 재산권 우선 등을 주장한다. 신보수주의는 20년 이상의 전성기를 누리다가 2008년 세계금융위기 이후부터 외면받기 시작했다. 국제정치적으로는 자유민주주의를 확산시키는 것을 이상으로 삼고 적극적인 군사·외교정책을 감행한다. 대표적인 사례로 2003년 미국과 영국의 이라크 침공이 있다.

녹색보수주의는 선진국을 중심으로 활발해지고 있다. 원래 보수주의는 자연을 정복하는 대상으로 생각하고, 환경 문제를 무시하는 경향이 강했다. 그러나 환경 파괴가 심각한 사회적 문제로 대두되면서 중심 의제로 떠오르기 시작했다. 다만 문제 해결 방식에서는 각종 규제와 생태계 보전을 주장하는 좌파 정당들과는 확실히 구분된다. 녹색보수주의는 시장주의에 입각해 점진적인 방법을 모색한다. 녹색보수주의 정당이라고 평가받는 정당은 거의 없으며, 각국의 정당에서 일부 계파들이 주장하고 있다.

자유보수주의 : 고전적 자유주의와 결합, 시장경제 수용
사회보수주의 : 기존 사회 질서 유지·안정 추구
국민보수주의 : 민족주의 기반 보수주의의 한 갈래
신보수주의 : 케인스주의 비판, 작은 정부 지향
녹색보수주의 : 시장주의 입각 환경 문제 해결

05

공동체주의

공동체주의는 사회적 실천, 문화적 전통 공유 등 공동체의 가치를 강조한다. 공동체주의자들은 복잡한 현대사회에서 개인의 삶이 공동체와 분리될 수 없고, 개인의 자유만큼 공동선의 의무를 갖고 있다고 생각한다. 이들의 세부적인 주장에는 차이가 조금씩 있지만 자유주의자들이 공동체의 가치를 무시하고, 개인주의에만 몰두하는 것에 대한 문제인식을 공유한다.

공동체주의에는 자아, 공동선, 정의라는 세 가지 핵심 주제가 있다. 자유주의는 방해받지 않는 자아를 가정하고, 개인은 외부의 간섭에서 벗어나는 것이 최선이다. 반면 공동체주의는 방해를 받아들이는 자아를 규정하며, 개인은 사회적인 맥락과 실천 속에 존재한다. 사람들은 사회적으로 기대되는 역할이 있고, 개인의 자유 및 권리뿐만 아니라 사회적 의무가 뒤따른다. 자칫하면 공동체주의를 집단·전체주의로 오해할 수 있는데, 공동체주의에는 나라는 자아가 존재한다는 점에서 다르다.

공동선은 사회 공동체 전체를 위한 선을 의미한다. 자유주의의 지나친 개인 강조는 이기주의나 공동체 해체 등 문제를 야기한다. 공동체주의는 개인들의 통제력 상실과 도덕성 잠식 등을 지적하면서 적절한 사회적 개입의 필요성을 정당화한다. 가정·학교에서의 도덕 교육 강화, 보편적 교육, 건강제도 확립 등 공동체 국가로 나아가야 함을 강조한다. 여기서 개인주의는 이기주의이고, 공동체주의는 이타주의라는 이분법적인 시각은 옳지 않다. 공동체주의 역시 어떤 한 집단의 이익만을 추구하는 집단이기주의로 변질될 수 있다.

정의는 모든 사회 구성원들의 공동선을 실현하는 것이다. 이를 위해 국가는 절차에 얽매이지 않고 적극적인 공동체의 연대, 사회적 합의, 도덕적 책임 등의 틀을 마련해야 한다. 여기서 공리주의와 공동체주의의 차이점이 드러난다. 공리주의는 최대다수의 최대행복을 내걸고, 다수의 이익을 위해 소수의 희생을 합리화할 수 있다. 그러나 공동체주의는 단순히 개인 효용 총합의 최대치가 아니라 공동선과 도덕성을 고려한다.

<공동체주의>
개인은 사회적인 맥락, 실천 속에 존재
자유주의와 달리 사회적 개입의 필요성 인정
모든 사회 구성원의 공동선 실현 중시

대표적인 공동체주의 철학자로는 영국의 알래스데어 매킨타이어(Alasdair Macintyre), 미국의 마이클 샌델(Michael Sandel) 등이 있다. 매킨타이어는 개인의 정체성 형성에 공동체의 전통 도덕은 긍정적이며, 도덕성을 지닌 사람으로 성장하는 것이 중요하다고 본다. 여기서 도덕은 인간 존재를 위해 좋은 선이어야 하며, 타인으로부터 강제되거나 국가에 의해 제도화돼선 안 된다. 물론 좋은 선이라는 것이 매우 모호하고 상대적이라는 비판을 받는다. 그럼에도 사람들이 더 합당한 설명을 하는 덕을 찾을 수 있고, 전통이 수정·발전해 나갈 수 있다고 믿는다.

샌델은 단순한 전통적 도덕 가치가 아니라 어떤 것이 공동선을 증진시키는가에 대한 질문을 던진다. 보다 더 사회적으로 중요한 가치를 판단해 공동선을 추구해야 한다는 것이다. 이를 위해서는 시민들의 적극적인 정치 참여를 통해 도덕적 가치가 논의돼야 하고, 사회적인 공론의 장이 반드시 필요하다. 대표 저서인 '정의란 무엇인가'에서는 중립적 원칙과 합의의 영역을 뛰어넘는 연대 의무를 강조하고 있으며 공리주의, 존 롤스, 자유지상주의, 매킨타이어의 주장을 비판적으로 고찰한다. 공동선을 위한 정치를 과제로는 시민의식 및 희생·봉사의 태도, 시장의 도덕적 한계 인정, 불평등 개선과 연대, 도덕적 참여의 정치 등을 제시한다.

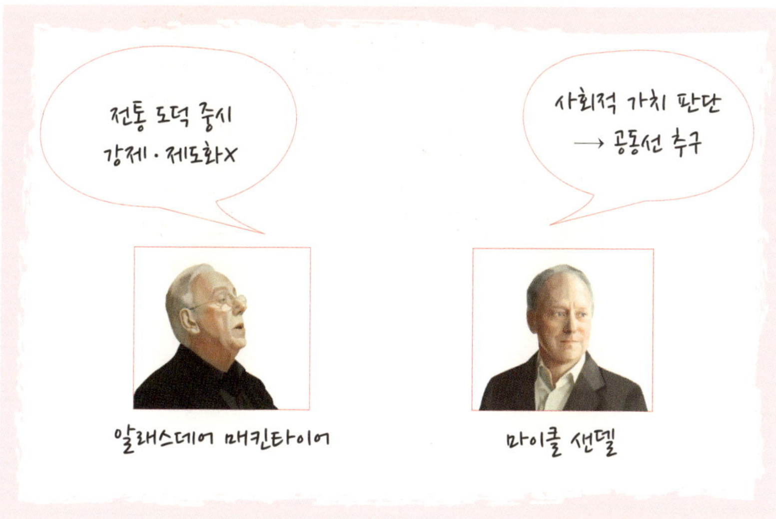

06

전체주의

"모든 것은 국가에 있으며, 국가 외에는 어떤 것도 없으며, 국가에 반대하는 어떤 것도 존재하지 않는다."(이탈리아의 독재자 베니토 무솔리니)

전체주의를 단 하나의 문장으로 정리한다면 이보다 더 명확한 말은 없다. 20세기는 두 차례의 세계대전, 자유주의·사회주의·전체주의 이데올로기의 대결이라고 봐도 과언이 아니다. 전체주의는 이탈리아 파시스트들이 자신들의 이념을 다른 사상과 구분 짓기 위해 처음 사용했다. 기본적으로 개인을 강조하는 자유주의와 노동계급의 투쟁을 역설하는 사회주의에 대한 혐오가 깔려있다.

전체주의는 개인보다 국가를 우선하며, 개인을 국가의 존립·발전을 위한 수단으로 여기는 사상이다. 각각의 사회 구성 요소들이 연결돼 작용한다는 유기체론에 동의하며, 개인이 국가를 위해 희생할 때 진정한 삶이 실현된다고 생각한다. 대중들은 스스로 판단하고, 권력을 행사하는 것이 아니라 영웅적 지도자, 정당을 맹목적으로 추종한다. 이성에 대한 믿음은 거부하고, 본능·직관에 의존하는 경향을 보인다.

〈전체주의〉
개인보다 국가 우선
국가 위해 희생해야 진정한 삶 실현
영웅적 지도자, 정당 맹목적으로 추종

미국의 정치학자 칼 요아힘 프리드리히(Carl Joachim Friedrich)는 전체주의의 특징을 여섯 가지로 정의한다. 기존사회를 배척하는 이데올로기, 국가 권력을 독점하고 있는 정당, 국가를 통제하는 비밀경찰, 여론조작을 위한 문화 및 미디어 통제, 군사력의 독점, 중앙집권적인 계획경제이다. 이러한 점에서 전체주의는 1인에게 권력이 집중되고, 사회를 변혁하려고 하지 않는 전제정치와 구분된다.

독일의 철학자 한나 아렌트(Hannah Arendt)는 전체주의를 쉽고 간단한 개념과 해결책을 제시해 대중들을 선동한다고 봤다. 특히 전체주의는 대중들은 역사적 사명감을 갖고 커다란 사건에 참여하고 있음을 각인시킨다. 여기서 대중들의 자발적 폭력, 사고 등이 일상화되고 장려된다. 예를 들어 아돌프 히틀러는 독일 경제위기의 원인으로 유대인을 지목했고, 대중들은 탄압·학살에 동참하고 열광했다. 당시엔 게르만인보다 열등한 민족, 나치에 반대하는 세력에 대한 차별, 고문, 암살 등 비합법적인 모든 행위들이 허용됐다.

영국의 철학자 칼 포퍼(Karl Popper)는 전체주의의 기원을 인간의 불완전성을 인정하지 않는 소수 엘리트 집단에서 찾았다. 이들은 완벽한 국가 건설을 이상향으로 삼고, 완벽한 인간을 만들기 위해 사회를 재조직하려고 한다. 이 같은 이데올로기가 지배적인 사회를 닫힌사회, 반대로 인간의 한계와 모든 가능성을 사회를 열린사회라고 규정했다. 칼 포퍼는 소련을 가장 강력한 전체주의 국가로, 파시스트 이탈리아와 나치 독일은 정교하지 못한 전체주의 국가로 평가했다.

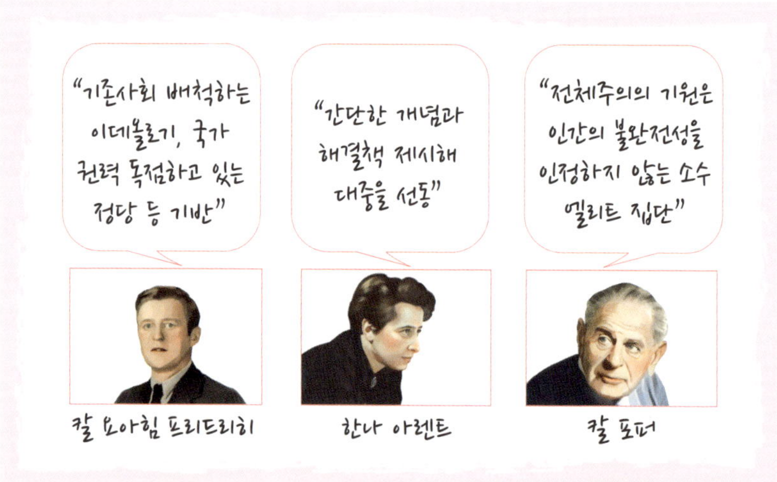

오늘날에도 전체주의는 완전히 사라지지 않았다. 몇 년 새 유럽에서는 경기침체, 인플레이션, 반이민정서 등을 기반으로 네오파시즘, 네오나치 등 극우세력이 급부상하고 있다. 이탈리아형제들은 2022년 총선에서 승리하며, 제1당이자 연립 여당이 됐다. 해당 정당은 파시스트당의 후계인 이탈리아 사회운동 정당 중 하나다. 스웨덴민주당은 네오나치 운동을 기반으로 만들어졌다. 주요 정책으로는 난민, 이슬람, 이민자 반대 등을 내걸고 있다. 2010년 5.7%를 얻어 의회에 첫 입성했고, 2022년엔 20.6%의 득표율을 기록했다. 결국 대중의 두려움을 자극·선동하고, 민주주의 체제를 무너뜨리는 전체주의 시대가 다시 도래할 수도 있다는 얘기다.

07

사회주의

미국 인디애나주의 뉴하모니 공동체

사회주의는 생산수단의 사회적 소유를 통해 모든 사람이 평등하게 분배받는 세상을 추구한다. 사회적 소유는 국유화, 협동조합, 노동자 지분 소유 등 여러 가지 형태가 존재하며 분파마다 주장이 다르다. 현재 사회주의는 다양한 의미로 사용되는데 초기사회주의, 수정사회주의, 공산주의 등을 모두 포괄하는 개념이다. 다만 공산주의자들은 사회주의를 낮은 단계의 공산주의로 평가절하한다.

사회주의의 핵심주제는 공동체, 협력, 평등, 사회적 계급, 사회적 소유가 있다. 사회주의는 자본주의와 개인주의의 모순을 지적하면서 등장했기 때문에 사회·경제적 문제 해결에 있어 공동체의 역할에 초점을 맞춘다. 자연스럽게 이기심을 바탕으로 하는 경쟁보다는 협력을 강조한다. 자유주의는 법 앞의 평등, 공산주의는 실질적 평등을 역설한다면 사회주의는 상대적 평등을 말한다. 사회적 계급은 자본가와 노동자의 대립 구도로 바라보고, 사유재산의 문제점을 비판하면서 사회적 소유를 주장한다.

사회주의 : 생산수단의 사회적 소유, 평등한 세상 추구
사회적 소유 : 국유화, 협동조합, 노동자 지분 소유
핵심주제 : 공동체, 협력, 평등, 사회적 계급

사회주의는 1826년 영국의 사상가 로버트 오언(Robert Owen)의 제자들을 지칭하는 말로 처음 사용됐고, 1932년 프랑스의 사상가 생시몽(Saint-Simon)의 이념을 따르는 사람들을 일컫는 용어로 사용됐다. 초기 사회주의는 자본주의의 문제점을 바로잡고, 평등한 사회를 위한 방안을 내놨다. 오언은 소규모공동체, 공동경작, 세 살 이후 공동양육 등을 제시하며 협동조합운동에 헌신했다. 실제 미국 인디애나주에 뉴하모니 공동체를 건설했으나 여러 의견이 충돌하면서 실패했다. 생시몽은 봉건영주와 산업자의 협력과 계획 생산을 통한 불평등 해소를 주창했다. 독일의 사상가 칼 마르크스(Karl Marx)는 초기 사회주의를 공상적 사회주의, 자신의 이론을 과학적 사회주의라고 규정했다.

수정사회주의는 마르크스주의의 수정을 꾀했고, 사회민주주의의 이론적 토대가 됐다. 독일의 사상가 에두아르트 베른슈타인(Eduard Bernstein)은 주주자본주의, 중산층 증가 등 자본주의가 구조적으로 변화했다고 지적했다. 이를 근거로 기존 마르크주의의 핵심인 계급투쟁, 혁명 등을 부정하고 선거를 통한 집권으로 선회했다. 정책적 방향은 자본주의를 길들이는 것으로 변화했는데 대표적으로 전면 국유화 반대, 계획경제 포기, 케인스주의 채택, 국가개입주의, 부의 재분배 등이 있다. 현대 사회민주주의는 노동조합과 긴밀히 연계하며 보편적 복지, 불평등 해소 등에 전념하고 있다.

제3의 길은 전통적 사회민주주의와 신자유주의를 극복하자는 실용주의 노선이다. 1994년 영국 노동당 당수였던 토니 블레어에 의해 처음 제창됐다. 영국의 사회학자 앤서니 기든스(Anthony Giddens)의 논문 '좌우를 넘어서'에서 제시한 새로운 이념 모델에 기반한다. 기존 사회민주주의 노선과 달리 공공지출 축소, 세금 인하, 사회복지 개혁, 노동시장의 유연성 등을 받아들였다. 영국 노동당은 제3의 길을 채택하면서 13년간 총리를 배출하며 양대 정당으로 자리 잡았으나 좌파와 우파 정책을 적당히 혼합한 것에 불과하다는 비판을 받았다.

노르딕(스칸디나비아) 모델은 덴마크, 핀란드, 스웨덴, 노르웨이, 아이슬란드 등 북유럽 국가의 경제적·사회적 모델을 의미한다. 코포라티즘(조합주의)에 이론적 기반을 두고 있으며 정부, 사용자, 노동자 대표들이 모여 경제성장, 물가, 임금, 복지정책 등을 협의하고 결정한다. 이를 통해 시장 경제와 복지 국가의 결합과 공존을 이뤄낸다. 이들 국가의 조세부담률은 전 세계에서 가장 높은 편이며, 현대복지국가의 이상향으로 불린다. 국민들의 노동 참여를 독려하기 위해 다양한 복지 프로그램, 노동조합의 경영 참여 등을 보장한다.

초기사회주의 : 자본주의의 문제점 비판, 협동조합운동 형태
수정사회주의 : 계급투쟁 · 혁명 등 부정, 선거로 집권 추구
제3의 길 : 세금 인하, 사회복지 개혁, 노동시장 유연성 수용
노르딕 모델 : 정부 · 사용자 · 노동자 → 물가 · 임금 · 복지 협의

08

공산주의

공산주의는 사유재산제도를 없애고, 공동소유를 실현해 최종적으로 사회적 계급이 소멸되는 세상을 지향한다. 독일의 철학자 칼 마르크스는 원시공동사회, 고대노예사회, 중세봉건사회, 근대자본주의사회, 공산사회로 이행하는 역사 발전의 5단계설을 주장했다. 그래서 공산주의 혁명은 자본주의가 가장 발전한 영국·프랑스에서 일어날 것으로 생각했으나 실제는 후진 농업국가인 러시아에서 먼저 발생했다.

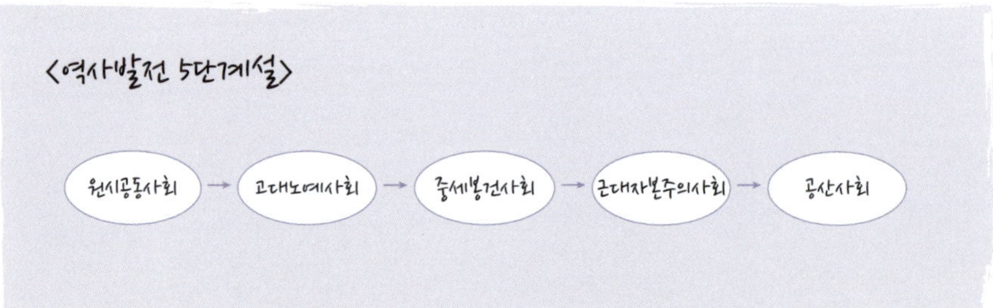

공산주의는 유물사관, 계급투쟁, 혁명을 핵심으로 한다. 마르크스는 사회를 상부구조와 토대로 나눴다. 상부구조는 정치, 제도, 종교, 문화 등 생산과 직접 연관되지 않는 모든 것이 속한다. 토대는 기계, 공장, 토지 등 생산력과 자본가(부르주아), 노동자(프롤레타리아) 등 생산관계로 이뤄진다. 여기서 자본가는 노동자를 착취·지배하고 사유재산을 축적한다. 토대는 상부구조에 엄청난 영향을 끼치며, 상부구조가 토대에 미치는 영향은 미미하다.

계급투쟁은 생산력과 생산관계의 모순에서 시작된다. 특히 자본가와 노동자의 생산관계가 생산력에 문제를 일으킨다. 다수의 노동자들이 상품을 만들지만 자본가가 잉여가치를 사적소유하기 때문이다. 이러한 상황은 자본주의의 경제성장을 저해하고, 이윤율 하락을 가져온다. 자본가와 노동자는 이해관계의 대립으로 필연적으로 충돌한다. 결국 자본주의적 생산관계는 붕괴되고 공산주의적 생산관계가 형성된다.

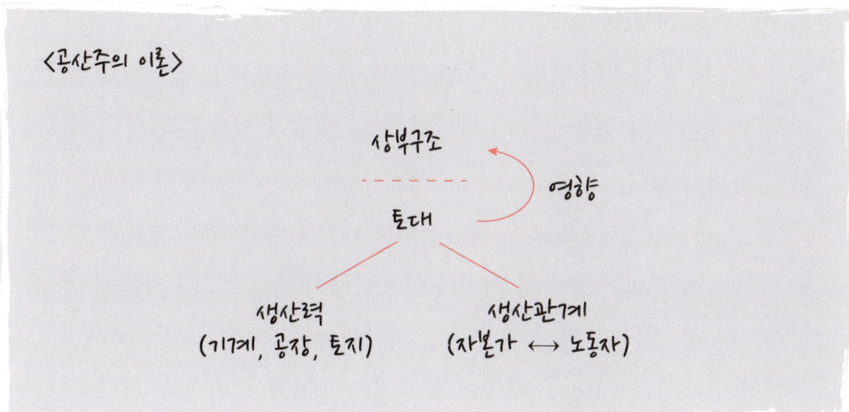

혁명은 자본주의에서 공산주의로의 이행을 의미한다. 노동자 계급이 주도해 자본주의를 전복시키기 때문에 프롤레타리아 혁명이라고 부른다. 혁명기에는 프롤레타리아 독재를 거치게 되는데 사유재산제도를 철폐하고, 자본가 계급의 잔재를 모두 없애기 위함이다. 대표적인 과제로는 토지 소유 폐지, 자본가의 재산몰수, 모든 사람의 필수적 노동, 무상교육 등이 있다. 이를 통해 능력껏 일하고 필요한 만큼 사회, 계급 없는 사회로 나아간다. 높은 단계로 공산주의에 도달하면 계급적 억압·충돌이 사라지고, 국가의 존재 역시 필요가 없어진다.

러시아의 혁명가 블라디미르 레닌은 마르크스주의의 혁명적 실천을 주창했다. 마르크스가 구체적인 혁명론, 공산주의 사회의 형태 등에 대해 언급하진 않았기 때문에 러시아에 맞는 방법을 고안해 낸 것이다. 일명 마르크스-레닌주의, 레닌주의, 볼셰비키라고 일컫는다. 레닌의 사상은 전위대, 일국사회주의, 사회주의 협동조합을 핵심으로 한다. 러시아는 자본주의가 발달하지 않았기에 노동자·농민을 이끌 직업 혁명가인 전위대가 필요하다고 봤다. 유럽의 마르크스주의자들은 고도화된 자본주의 국가에서 동시에 혁명이 이뤄져야 한다고 했으나 레닌은 하나의 국가에서도 공산주의 혁명이 가능하다고 주장하며 러시아 혁명을 성공시켰다. 사회주의 협동조합은 국가가 직접 개입해 필요한 물자를 생산하는 형태를 띤다.

중국 공산당은 마르크스-레닌주의와 마오주의를 당의 지침으로 삼고 있다. 마오주의는 중국의 혁명가 마오쩌둥이 마르크스주의를 중국에 맞게 적용한 것이다. 당시 중국은 러시아와 마찬가지로 농업 국가였고 산업화가 굉장히 더뎠다. 혁명의 주체인 노동자가 거의 없는 상황에서 농촌을 중심으로 한 새로운 전략을 모색할 수밖에 없었다. 이 과정에서 다수의 농민 세력을 조직화할 필요가 있었고, 게릴라 중심의 당군 조직을 통해 광범위한 지역에서 활동을 펼쳤다. 중화인민공화국 수립 이후 마오주의는 아시아, 아프리카의 제3세계에 큰 영향을 줬다.

프랑크푸르트학파는 1930년 이후 독일의 프랑크푸르트암마인 대학교를 중심으로 등장한 신마르크스주의 집단을 지칭한다. 기존의 마르크스주의는 상부구조보다 토대를 중시했지만 프랑크푸르트학파는 자본주의가 고도화되면서 상부구조의 중요성이 더 커졌다고 생각했다. 특히 자본주의는 대중문화를 통해 필요 없는 욕구와 소비를 만들고, 이데올로기를 형성해 자본주의 체제를 안정화시키는 데 기여한다고 봤다. 독일의 철학자 위르겐 하버마스(Jurgen Habermas)는 자본주의에서는 돈과 권력이 사람들의 생활세계를 식민지화한다고 비판하고, 대화와 상호작용을 통해 바람직한 방향으로 나아가는 의사소통의 합리성을 강조했다. 이를 위해 일상에서의 토론·비평 확대, 공공영역의 회복, 협의민주주의를 대안으로 제시했다. 에리히 프롬(Erich Fromm)은 자본주의 체제는 사회적 규범의 적응을 강조하며 순종적 자아를 만들어간다고 지적했다. 프랑크푸르트학파의 사상은 1968년 3월 미국 베트남 침공에 항의하는 대학생 시위로 시작해 프랑스 전역으로 퍼진 68혁명의 기반이 됐다. 이러한 반체제·반문화 운동은 미국, 일본, 독일 등 국제적으로 확산됐다.

공산주의 : 사유재산제 폐지, 계급 소멸 세상 추구
혁명 : 자본주의 → 공산주의 이행
마르크스-레닌주의 : 직업 혁명가 전위대 개념 도입
마오주의 : 농민 세력 조직화, 게릴라 중심 당군 조직
프랑크푸르트학파 : 자본주의 고도화 → 상부구조 중요성↑

09

무정부주의

무정부주의(아나키즘)는 고대 그리스어 'an archos'에 유래된 말로 지배의 부재를 의미한다. 모든 국가, 권력, 권위를 부정하고 개인의 자유를 최상의 가치로 여긴다. 아나키즘의 정의와 형태는 매우 다양하다. 아나키즘의 시초로 불리는 영국의 정치철학자 윌리엄 고드윈(William Godwin)은 자본주의 권력과 불평등에 반대했다. 러시아의 철학자 미하일 바쿠닌(Mikhail Bakunin)은 마르크스주의와 반대되는 무정부주의적 공산주의를, 프랑스의 철학자 조르주 소렐(Georges Sorel)은 혁명적 생디칼리즘을 주장했다.

아나키즘은 사람의 본성은 선하다는 성선설을 기반으로, 인위적 제도가 개인을 타락하게 만든다고 생각한다. 인간은 사회적 동물로 자발적인 협력 관계를 유지할 수 있으며, 국가·정치조직·사유재산 등은 부자연스러운 형태다. 사회주의, 민주주의 등 어떠한 정치·경제체제라도 개인을 억압한다는 측면에서 반대한다. 혁명은 현 체제에서 다른 체제의 억압으로 전환하는 것에 불과하고, 정치조직과 권위에 의해 이뤄지기 때문에 부정적이다. 산업화는 사유화·국유화와 같은 생산수단의 소유형태와 관계없이 인간을 착취하고 억압한다고 간주한다.

<무정부주의>
국가·권력·권위 부정, 개인 자유 최우선
성선설 기반, 인위적 제도 → 개인 타락 유도
혁명 : 또 다른 억압으로의 전환

개인주의적 아나키즘은 자본주의 체제를 부정한다. 자본가와 노동자라는 계급이 존재하고, 생산수단의 사적소유에 의해 착취가 이뤄지기 때문이다. 국가와 사회는 자본의 지배를 정당화하기 위한 형태로 발전한다고 여긴다. 프랑스의 철학자 피에르 조제프 프루동(Pierre Joseph Proudhon)은 '소유와 재산은 도둑질'이라고 규정했는데 점유와 상호주의적 소유는 인정했다. 이는 직접 사용하지 않는 재산엔 권리를 주장할 수 없다는 개념에 기초한다. 상호주의는 자본가에 대항하는 노동자들의 자유연합, 자본주의 은행을 대체하는 신용조합 등을 대안으로 제시했다.

사회적 아나키즘은 무정부주의적 공산주의와 생디칼리즘 등이 있다. 무정부주의적 공산주의는 1864년 제1인터내셔널(국제노동자협회)에서 주요 세력 중 하나였고, 아래에서 위로 향하는 형태의 연방주의를 지지했다. 사회 구성원들의 자기 결정권을 최대한 보장한다는 취지였는데, 칼 마르크스와 대립 관계에 있었었다. 스페인 내전 당시 미하일 바쿠닌의 아나키즘 이론이 채택되기도 하나 프란시스코 프랑코가 이끄는 군부 세력이 집권하면서 막을 내렸다. 생디칼리즘은 정당이 아닌 노동조합을 중심으로 사회를 변화시켜야 한다는 입장이다. 총파업은 자본주의의 대항하는 최고의 무기이다. 이를 통해 중앙집권화 된 국가가 아닌 분권화된 사회를 만드는 것이 최종 목표다.

환경주의적 아나키즘은 무분별한 산업화로 환경 문제가 대두되면서 나타났다. 이중 사회생태주의는 환경운동가들에게 있어 가장 기본적인 이론으로 여겨진다. 모든 사회·경제적 요소들이 환경과 밀접한 관계를 맺고 있기 때문에 지속 가능한 발전을 추구해야 된다고 강조한다. 결국 권위의 종식은 인간에 의한 자연의 억압이 사라질 때 실현된다. 일부 극단적인 환경주의적 아나키즘은 산업화 자체를 거부하고, 원시 공동체 사회로 돌아갈 것을 주장한다.

개인주의적 아나키즘 : 자본주의 부정, 상호주의적 소유 인정
무정부주의적 공산주의 : 아래로부터의 연방주의 지지
생디칼리즘 : 정당 아닌 노동조합 중심
사회생태주의 : 환경 문제 지적, 지속 가능한 발전

10

민족주의

민족주의는 국가, 민족, 인종 등 집단적 동질감에 기초한 민족(nation)을 우선시하는 사상이다. 내셔널리즘은 넓은 개념의 시빅 내셔널리즘(civic nationalism)과 좁은 개념의 에스닉 내셔널리즘(ethnic nationalism)으로 구분된다. 전자는 동질감과 일체성이 있으면 하나의 민족이라고 여기는 반면 후자는 혈연 및 친족관계로 구성된 집단이라고 규정한다. 우리나라에서는 한민족이라는 인식이 강해 에스닉 내셔널리즘만을 생각하는 경향이 있는데 매우 협소한 시각이다.

민족의 객관적 정의는 역사, 영토, 종교 등에 의해 나눠진 국민을 의미한다. 주관적 정의는 애국심, 시민의식 등을 공유하는 집단을 뜻한다. 민족정체성의 원초적인 접근은 개인의 의식 속에 존재하는 개념으로 민족이라는 실체가 있다고 믿는다. 상황적 접근은 다양한 위기국면에 대응하기 위해 민족이라는 집단과 정체성이 형성됐다고 본다.

미국의 정치학자 베네딕트 앤더슨(Benedict Anderson)은 민족을 '상상된 공동체'로 정의했다. 민족은 일정한 영토에서 상징과 의식을 공유한다. 상상이라는 것은 모든 구성원들이 서로에 대해 잘 알고 있지 못하더라도 개개인의 마음속에 민족이라는 이미지가 자리 잡고 있다는 얘기다. 공동체는 현실적인 갈등과 불평등에도 불구하고 사람들이 수평적인 시민의식을 기반으로 하나의 단일집단으로 받아들이고 있는 것을 의미한다.

민족주의 : 국가·민족·인종 등 집단적 동질감 기초
시빅 내셔널리즘 : 동질감·일체성 존재 시 하나의 민족
에스닉 내셔널리즘 : 혈연·친족관계 집단만 인정

민족자결주의는 각각의 민족은 정치적 운명을 스스로 결정할 권리가 있으며, 다른 국가나 민족의 간섭을 받지 않아야 한다는 주장이다. 제1차 세계대전의 전후 처리 과정에서 우드로 윌슨 미국 대통령이 제시한 여러 민족의 국제적 지위의 보장, 여러 나라의 독립보장 등 14개조 평화원칙에 기초한다. 이는 열강의 식민 지배하에 있던 약소국가들의 독립의식을 고취시켰지만 승전국에는 적용되지 않았다. 제2차 세계대

전 이후 국제연합(UN) 헌장에 명시되며 국제법상 중요한 원칙으로 자리 잡았다.

민족주의는 개별적인 이념으로 나타나는 경우는 드물고, 다른 사상과 결합된 형태가 일반적이다. 자유주의적 민족주의는 외세의 침략에 맞서 자유롭고 독립된 정부를 수립하자는 주장이다. 보수주의적 민족주의는 대외적 무력을 과시하고, 내부적 결속을 강조한다. 대표적으로 독일의 정치가 비스마르크가 게르만 민족의 분열을 끝내고 통일 국가를 만드는데 기초가 됐다. 팽창주의적 민족주의는 유럽 열강 대외정책의 기반이 됐으며, 제국주의 시대에 약소국가 침략을 정당화했다.

민족자결주의 : 각각의 민족 스스로 정치적 운명 결정
민족주의는 개별 이념보다는 다른 사상과 결합

11

테러리즘

테러리즘은 정치, 사상, 종교 등 자신들의 목적을 관철시키기 위해 폭력적인 방법을 써서 대중들의 공포심을 일으키는 정치 행위다. 테러는 프랑스혁명 당시 처음 등장한 용어로, 로베스피에르의 반대파 진압과 대중들의 공포 상태를 일컫는 말로 사용됐다. 이후부터는 기존 체제에 반대해 무장투쟁을 하는 반대세력을 테러집단으로 부르기 시작했다.

테러는 극단주의 세력에 의해 의도적이고 체계적으로 전개되는 폭력이다. 테러리즘은 소수를 타깃으로 삼고 협박에 초점을 맞춘다는 점에서 국가나 사회 전체 말살을 목적으로 하는 대량학살과 다르다. 테러 대상은 주로 상징적 건물, 사회·경제적 주요 인사 등이 선택된다. 테러 방법은 전통적으로 폭탄 공격, 항공기 납치, 인질 납치 등이 시행된다. 공산주의자들의 테러를 적색테러, 무정부주의자의 테러를 흑색테러, 권력층의 테러를 백색테러, 환경주의자들의 테러를 녹색테러라고 구분하기도 한다.

<테러리즘>
폭력적 방법으로 공포심 일으키는 정치 행위
대량학살과 달리 소수 타깃, 협박에 초점
방식 : 폭탄 공격, 항공기 납치, 인질 납치 등 시행

통상 테러집단의 리더급은 사회의 중상위층이 맡고 일반구성원은 종교적 포교, 전단, 사회관계망서비스(SNS) 등 수단을 통해 다양한 계급에서 충원된다. 이슬람권의 경우 성전 참여의 호소가 이뤄지며, 비밀유지를 위해 개인적인 접촉을 한다. 테러집단에 가입하는 사람들은 어린 시절 부정적인 경험을 겪은 경우가 많고, 매우 공격적인 성향을 띤다. 이들은 자신과 가족의 빈곤, 고통 등이 정치·사회적 조건에서 비롯됐다고 믿고, 기존에 느꼈던 사회로부터의 소외에서 벗어나 테러집단에서 새로운 정체성과 일체감을 느낀다. 그러면서 테러리스트로서 집단의 목표와 달성방법에 대해 동화되는 과정을 거친다.

테러리스트들은 자신이 속한 조직의 목적 실현을 최우선으로 여긴

다. 집단의 신념을 관철시키기 위해선 극단적인 테러 방식이 유일하다고 생각한다. 이 과정에서 수단과 방법을 가리지 않으며, 무고한 민간인들의 죽음도 개의치 않는다. 대를 위해 소를 희생하는 것은 어쩔 수 없다는 합리화에 도달하기 때문이다. 이슬람 근본주의 테러집단에서는 종교적 권위를 통해 테러리스트 개인에게 무조건적인 희생을 강요하기도 한다. 이러한 경우 자신의 생명을 건 자살공격·자폭의 형태의 테러가 발생한다.

최근 테러리즘에선 외로운 늑대가 화두다. 기존엔 체첸 반군을 지칭하는 말이었으나 1990년대 중반 이후 자생적 테러리스트라는 의미로 바뀌었다. 이들은 국가에 대한 개인적 반감으로 테러집단의 신념이나 극단적 이데올로기에 자발적으로 동조해 테러행위에 나선다. 주로 이민자, 빈민 등 사회적으로 소외된 계층에서 발견되며 사제 폭탄 제조, 총기난사 등을 자행한다. 정부 입장에서는 사실상 정보수집과 예방이 불가능해 테러형태 중 가장 큰 위협으로 받아들이고 있다.

<외로운 늑대>
1990년대 중반 이후 나타난 자생적 테러리스트
주로 이민자, 빈민 등 사회적 소외된 계층에서 출현

12

페미니즘

페미니즘은 정치, 경제, 사회, 문화의 모든 영역에서 성차별을 없애려는 사상이다. 페미니즘의 어원은 여성을 의미하는 라틴어 'femina'에서 나왔으며, 페미니즘 용어는 19세기 프랑스의 사상가 샤를 푸리에(Charles Fourier)가 처음 사용했다. 페미니즘은 하나의 통일된 사상은 아니며, 다양한 주장들이 공존한다. 그럼에도 불구하고 여성들이 가부장적 사회에서 억압받고 있고, 여성에 대한 차별이 자연적·생물학적 차이에 근거하지 않다는 점에서 공통점을 갖는다.

페미니즘은 시대적으로 세 번의 변곡점이 있다. 19세기부터 1950년대까지를 제1의 페미니즘 물결이라고 한다. 1869년 영국의 철학자 존 스튜어트 밀(John Stuart Mill)은 '여성의 종속'에서 "하나의 성이 다른 성에게 법적으로 종속되는 것은 잘못된 것이며 인류 발전에 장애가 된다"고 지적했다. 이때는 여성참정권 운동이 핵심이었는데, 참정권과 사유재산권은 남성만이 소유할 수 있었기 때문이다. 여성의 투표권은 1893년 뉴질랜드를 시작으로 호주, 핀란드, 미국, 영국, 프랑스 등에서 획득됐다.

제2의 페미니즘 물결은 1960년대부터 1980년대까지로 사회적 불평등 해소에 집중했다. 특히 여성의 열악한 노동환경과 임금 수준 개선에 힘썼다. 프랑스의 철학자 시몬 드 보부아르(Simone de Beauvoir)의 '제2의 성'이 이론적 기반이 됐는데 '여성은 태어나는 것이 아니라 만들어지는 것이다'라는 문장이 가장 유명하다. 당시 첫 주에만 2만 부 이상이 팔렸고, 금서로 지정될 만큼 큰 사회적 반향을 일으켰다. 성별의 차이가 사회적 역할을 정하는 생물학적 결정론을 반박했으며, 여성의 사회적 지위는 사회문화적 구성에 불과하다고 주장한다. 이는 생물학적 성과 사회적으로 만들어진 젠더를 구분하는 개념의 기초가 됐다.

제3의 페미니즘 물결은 1990년대에 등장했으며, 여성학과 퀴어 이론의 영향을 받았다. 과거의 페미니즘은 서구, 백인, 여성 중심이었다면 인종, 국적, 종교, 성적지향, n개의 성 등으로 영역이 확장됐다. 미국의 철학자 주디스 버틀러(Judith Butler)는 '젠더 트러블'에서 '젠더는 어떤 사람이 행하는 바에 따라 결정된다'는 수행성 개념을 제시했다. 이는 기존의 생물학적 성과 젠더의 이분법에 대한 비판을 제기하며, 남성성과 여성성은 해당 주체의 반복적인 행위에 따라 생산된다고 주장한다.

페미니즘: 사회 모든 영역에서 성차별 없애려는 사상
제1의 물결 : 19세기~1950년대 여성참정권 운동
제2의 물결 : 1960~1980년대 사회적 불평등 해소
제3의 물결 : 1990년대 인종·성적지향·n개의 성 등 확장

페미니즘의 주요 사상들은 서로 완전히 배타적이라기보다는 무엇을 더 중시하느냐의 차이라고 보는 것이 맞다. 자유주의 페미니즘은 전통적 자유주의를 기반으로, 여성이 남성과 동등한 능력을 지닌 존재라는 것을 강조한다. 페미니즘의 시초가 되는 사상으로 시대적으로는 제1의 물결과 맥락을 함께 한다. 이들은 여성 개인의 자유로운 행동과 결정을 위한 가부장적 봉건제를 철폐를 주장한다. 이를 위해 여성단체들이 만들어지기 시작했고, 정치적·법적 성 평등 운동에 매진했다. 다만 사회제도 개선의 수혜를 백인 여성만이 누릴 수 있다는 비판이 나왔고, 사회문화와 인간관계 등의 변화를 이끌어내지 못했다는 한계를 나타낸다.

마르크스주의 페미니즘은 자본주의와 사유재산이 여성을 억압하는 원인이라고 생각한다. 여성의 낮은 지위는 생물학적인 차이가 아니라 사회적 관계에 따른 것이다. 여성 해방을 위해서는 프롤레타리아 혁명이 필수적이며, 사회 공동의 육아·가사노동, 안정된 고용 등을 통한 여성 평등의 실현을 추구한다. 독일의 철학자 칼 마르크스와 프리드리히 엥겔스는 "여성해방이 이루어진 정도가 인간의 보편적 해방을 측정하는 자연적 척도"라고 강조했다. 그러나 계급 갈등을 가장 중요시하면서 성차별 문제를 부차적인 것으로 간주하고, 노동 외의 다른 측면에는 별다른 관심을 두지 않는다는 지적이 제기됐다.

급진적 페미니즘은 자유주의·마르크스주의 페미니즘의 보수화를 비판하면서 프랑스의 68혁명을 기점으로 급부상한다. 이들은 남성성과 여성성이라는 구분 자체에 도전한다. 남성성이 우월적 지위 부여의 근거가 되며, 가부장제를 유지하는 근본적인 원인이라고 인식한다. 단순히 과격한 주장과 행동을 한다고 급진적 페미니스트가 아니다. 급진적 페미니즘은 과거의 제도적 성 평등 실현을 넘어 문화·생물학 등 다양한 측면으로의 확장을 의미한다. 캐나다의 여성주의자 슐라미스 파이어스톤(Shulamith Firestone)은 '성의 변증법'에서 "여성주의 혁명의 최종 목표는 단지 남성의 특권을 폐지하는 것뿐만 아니라 성적 구분 그 자체를 종식시키는 것이 돼야 한다"고 주장했다. 급진적 페미니즘은 여성의 성적 대상화 금지, 강간·성폭력 등을 사회적 의제화하는 데 성공했다. 하지만 보편적 자매애, 단일성을 강조하면서 오히려 여성들의 자유, 개성을 무시하고 있다는 목소리가 나온다.

에코페미니즘은 여성운동과 환경운동을 동시에 추구하는 사상이다. 1974년 프랑스의 여성주의자 프랑수아 드본느(Francoise d'Eaubonne)가 처음 사용했고, 1990년대부터 많은 지지를 받기 시작했다. 이들은 인간이 자연을 파괴하는 것과 남성이 여성을 지배하는 방식이 동일하다고 생각한다. 인간과 자연, 남성과 여성은 동등한 존재이기 때문에 조화·균형이 필요하고, 성차별을 종식시켜야 한다고 주장한다. 그러나 에코페미니즘은 자연을 여성과 연결시키면서 여성을 모성애, 돌봄 등 여성성에 다시 가뒀다는 비판이 있다.

현재 우리 사회에는 페미니즘에 대한 많은 오해가 존재한다. 이를 테면 페미니즘이 남성 자체를 무조건적으로 적대시하고, 여성에게만 이익을 주려는 이념이라는 주장이다. 이것은 실제 이론적 사실과는 상당히 거리가 멀다. 사회적으로 만연한 남성성을 부정하는 것과 남성을 제거의 대상의 생각하는 것은 완전히 다르기 때문이다. 만약 후자를 주장하는 사람이 있다면 그 사람은 페미니스트가 아니다. 페미니즘은 남성·여성 모두의 더 나은 삶을 지향하고 있으며, 남성과의 연대를 통해 사회적 변화를 이뤄내려고 노력한다.

자유주의 페미니즘 : 가부장적 봉건제 철폐 주장
마르크스주의 페미니즘 : 자본주의·사유재산 여성 억압
급진적 페미니즘 : 남성성·여성성 구분 자체에 도전
에코페미니즘 : 여성운동·환경운동 동시 추구

13

환경주의와 생태주의

환경주의는 자연보호, 오염방지 등 환경 문제를 해결하기 위해 노력하는 모든 이념, 사회운동을 말한다. 환경주의는 공유지의 비극과 성장의 한계 이론에 기초한다. 공유지의 비극은 자유롭게 사용할 수 있는 공공자원은 과도하게 사용되고, 결국 제 기능을 상실하게 된다는 논리다. 성장의 한계는 인구와 경제성장에 따라 한정된 자연자원이 부족은 필연이라는 주장이다.

환경주의는 현재의 생산과 소비 수준을 유지·관리하면서 환경 문제를 충분히 해결할 수 있다고 믿는다. 보수주의적 환경주의는 영토와 주권에 초점을 맞추고 과격한 행동주의를 지양한다. 대신 지역적 특성에 맞게 점진적이고 부분적인 변화를 추구한다. 자유주의적 환경주의는 인간 중심주의를 기반으로 재산과 소유권에 대한 규제에 반대한다.

미국과 유럽에서는 19세기 말 자연보호운동이 시작됐고, 1962년 미국의 생태학자 레이첼 카슨(Rachel Carson)이 쓴 침묵의 봄은 전 세계적으로 환경 문제에 대한 관심을 불러일으켰다. 이 책은 살충제·제초제가 생태계에 미치는 영향을 분석했고, 1972년 미국에서 DDT 사용 금지를 이끌어냈다. 1960년대엔 기존의 자연보호운동과 구분 짓는 환경주의가 등장했고, 1979년엔 독일에서 녹색당이 만들어졌다.

〈환경주의〉
현재의 생산·소비 수준 관리로 해결
지역적 특성에 맞게 점진적·부분적 변화 추구

생태주의는 환경주의보다 더 근본적이고 과감한 방법이 필요하다고 본다. 인간과 자연은 상호의존의 관계로 인식하며 인간 중심 사상에 반기를 든다. 이들은 현재의 정치· 경제 질서들이 환경 문제를 만들어냈다고 진단한다. 더 이상의 기술이나 규제로는 해결이 불가능한 상태이며, 사회 전체를 뜯어고쳐야 한다는 입장이다.

20세기 중반 이후 생태주의는 근본생태주의와 사회생태주의로 나뉘어진다. 근본생태주의는 환경 문제의 원인을 인간 자체에서 찾는다. 인간의 자연 지배를 비판하고, 자연 파괴를 죄악시한다. 극단적인 경우 인간의 생산·소비 활동 모두를 부정하는 경우도 있다. 사회생태주의는 근본생태주의와 달리 과도한 개발, 경쟁 등 자본주의 경제구조를 환경 문제의 원인으로 진단한다. 미국의 사상가 머레이 북친(Murray Bookchin)은 '인간에 의한 자연지배는 인간에 의한 인간지배로부터 비롯된다'고 지적했다.

국제정치에서 환경 문제는 중요한 안건이다. 1972년 스웨덴 스톡홀름에서 열린 국제연합(UN) 인간환경회의는 첫 번째 국제회의이다. 여기서 세계환경의날(6월5일) 지정, 유엔환경계획(UNEP) 설치 등 인간환경선언을 채택했다. 1992년 브라질의 리우데자네이루에서 개최된 유엔환경개발회의에서는 114개국의 국가정상, 185개국 정부대표 등이 참석해 기후변화방지협약, 생물다양성협약, 삼림보존원칙 등에 합의했다. 1997년 교토의정서는 기후변화협약의 이행을 위해 선진국의 온실가스 감축 목표치를 규정했다. 2015년 파리협정은 교토의정서를 대체하는 새로운 기후협약으로, 195개 참여국 모두의 온실가스 감축 의무를 명시했다. 2017년 도널드 트럼프 미국 대통령이 파리협정 탈퇴를 선언했으나, 2021년 조 바이든 미국 대통령이 재가입을 했다.

생태주의 : 사회 전체 시스템 전환 주장
근본생태주의 : 환경 문제 원인은 인간 그 자체
사회생태주의 : 자본주의 경제구조 비판

14

포퓰리즘

포퓰리즘은 대중을 의미하는 라틴어인 포풀루스(populus)가 어원으로, 대중주의 또는 인기영합주의라고 불린다. 사실상 민주주의의 어원인 그리스어 데모스(demos)와 뜻에서는 큰 차이가 없지만 포퓰리즘은 대체로 부정적 상황에서 쓰인다. 포퓰리즘은 대중을 정치 전면에 내세우고 동원하기 때문에 소수가 지배하는 엘리트주의와 대립된다. 일반적으로 포퓰리스트들은 좌·우파와 관계없이 대중의 뜻을 빌어 권력을 유지하려고 한다.

포퓰리즘은 1870년 러시아의 브나로드 운동과 1891년 미국의 인민당 노선을 기원으로 본다. 브나로드는 '민중 속으로'라는 의미로, 젊은 지식인층에 의해 전개된 농민계몽운동이다. 인민당은 미국 남부 농민들을 주축으로 누진소득세, 담합 금지 등 자본가에 대항하는 정책을 내걸었다. 두 운동은 모두 당시 농촌기반의 사회에서 대중의 힘을 모아 정치적 영향력을 행사하려고 했다는 공통점이 있다.

포퓰리즘은 대중, 반엘리트주의, 인민의 지도자를 핵심으로 한다. 대중의 존재는 그 자체로 최고의 가치이며, 대중의 뜻이 곧 진리로 받아들여진다. 포퓰리스트들은 일반적으로 기존 정치세력들의 탐욕과 부정부패를 지적하며 등장한다. 현재 기득권을 쥐고 있는 엘리트들이 대중들을 배신하고, 나라를 망치고 있다고 주장한다. 이러한 문제를 해결하기 위해 대중들의 뜻을 정치적으로 실현시킬 새로운 대표자가 필요하다고 역설한다.

<포퓰리즘>
대중주의·인기영합주의, 대체로 부정적 의미
대중의 뜻=진리, 반엘리트주의 기반

포퓰리스트들은 표를 얻기 위해 무분별한 선심성 정책을 약속한다. 이는 국가와 국민을 위해서라기보다 통치자 개인의 권력 강화를 위한 목적이 강하다. 대중주의라는 말과 달리 대부분 비민주적인 형태를 띠며 독재 국가로 나아간다. 아르헨티나의 후안 도밍고 페론 대통령은 연간 20% 이상의 임금인상, 복지 확대, 외국인 소유의 기업 국유화 등의 정책을 펼쳤는데 국가 경제를 파탄에 이르게 했다는 비판을 받는다.

최근 유럽에서는 극우 포퓰리즘 세력이 약진하며 기존 정치 지형이 흔들리고 있다. 2차 세계대전 이후 중도좌파와 중도우파가 집권하면서 보편적 인권, 민주주의 확대 등이 사회적 합의를 이뤄왔으나 균열의 조짐이 나타나고 있다. 이슬람 난민, 이민자 증가, 경기침체 등에 따른 시민들의 불안을 포퓰리스트들이 파고든 결과다. 독일의 독일을 위한 대안, 프랑스의 국민연합, 스웨덴의 스웨덴민주당 등 부상이 대표적이다.

포퓰리즘 용어의 오남용에 대한 지적도 나온다. 선거 과정에서 상대 후보자의 공약을 포퓰리즘으로 낙인찍어 공격하는 경우가 많기 때문이다. 이럴 경우 정책의 타당성, 합리적 검증은 사라지고 정치적 선동만이 남게 된다. 지금은 보편화된 무상급식, 반값등록금 정책은 처음 나왔을 당시만 해도 포퓰리즘으로 몰리면서 논의가 제대로 이뤄지지도 못했다.

포퓰리스트는 무분별한 선심성 정책 약속
상대 공약 포퓰리즘 낙인찍는 오남용 성행

15

정치적 올바름

정치적 올바름(Political Correctness)은 인종, 민족, 성별, 종교, 성적 지향, 장애, 직업 등 모든 편견이 섞인 표현을 지양하는 정치 운동이다. 문화적 다양성을 인정하고, 차별적 언어 사용과 행동을 하지 않는 것이 핵심이다. 대표적으로 니그로(negro)를 아프리카계 미국인(African-American), 폴리스맨(policeman)을 폴리스 오피서(police officer) 등으로 표현을 바꾼 사례가 있다. 1980년대 미국에서 시작됐고, 전 세계로 확산되면서 대중문화에 큰 영향을 미쳤다.

PC주의는 언어가 인간의 사고를 규정한다는 사피어-워프의 가설에 기초한다. 미국의 언어학자 에드워드 사피어(Edward Sapir)는 "인간은 객관적 세계에서만 사는 것도, 사회활동의 세계 속에서만 사는 것도 아니며 사회의 표현수단이 되는 특정한 언어에서도 상당히 영향을 받는다. 현실 세계는 그 집단의 언어습관의 기반 위에 형성이 된다"고 주장했다. 쉽게 말해 어떤 단어를 사용하는지가 사람들의 경험과 사고방식에 영향을 준다는 말이다. 인종차별적인 말을 지속적으로 사용하면 인종차별주의자가 되고, 집단적으로 통용되면 인종차별주의 사회가 되는 셈이다.

정치적 올바름 : 모든 편견 섞인 표현 지양하는 정치 운동
니그로(negro) → 아프리카계 미국인(African-American)
폴리스맨(policeman) → 폴리스 오피서(police officer)

PC주의는 문화 콘텐츠에 막대한 영향을 끼쳤다. 과거 미국 할리우드에서는 모든 배역에 무조건적으로 백인을 캐스팅하는 '화이트 워싱'이 지배적이었다. 실제 1961년 영화 '티파니에서 아침을'에서는 백인 배우가 일본인 역할을 맡았다. 이 같은 행태에 대해 인종차별이라는 비판이 쏟아졌고 이제는 영화 출연진의 인종적 다양성이 확보된 상태다. 영화의 수익적인 측면에서도 출연자의 인종이 다양할수록 더 많은 국가의 관람객이 보게 되면서 흥행에 도움이 된다는 분석이 나왔다.

현재 PC주의는 절대적인 신념을 바탕으로 현실을 무시하고 있다는 비판에 직면하고 있다. 영미권에서도 PC라는 말이 차별적 언어와 행동에 지나치게 집착할 때 비꼬거나 풍자할 때 많이 사용된다. 영화계에선 원작의 설정과 무관하게 흑인 배우가 등장하는 경우가 빈번해지자 '블랙워싱'이라는 용어가 등장했다. 그럼에도 글로벌 엔터테인먼트 기업 디즈니는 주요 캐릭터들을 유색인종으로 꾸준히 전환하면서 PC주의의 선봉장으로 불리고 있다. 일례로 2023년 영화 '인어공주'의 캐릭터가 흑인으로 바뀌었는데, 해당 작품은 완성도 논란이 일면서 과도한 PC주의에 대한 문제제기가 있었다.

PC주의의 불관용 원칙은 사람들의 반감과 거부감을 불러일으키고 있다. PC주의자들은 다른 사람의 잘못된 언어와 행동을 용서하지 않고 강제적으로 바꾸려고 든다. 사회관계망서비스(SNS)상에서 '캔슬컬처' 현상이 나타나고 있는데 팔로우 취소 및 공개적인 비방이 이뤄진다. 이 과정에서 집단이 개인의 자유를 억압하고, 자칫 전체주의적인 사회로 갈 수 있다는 지적이 나온다. 이러한 비판 의식에서 반 PC주의 정치세력이 등장했는데, 극단적인 경우 모든 패륜적 · 모욕적 표현을 옹호하면서 또 다른 사회적 문제가 되고 있다.

PC주의 : 문화 콘텐츠에 막대한 영향
화이트워싱 : 유색 인종 캐릭터 → 백인 배우
블랙워싱 : 백인 캐릭터 → 흑인 배우

III.

정치제도

01

대통령제

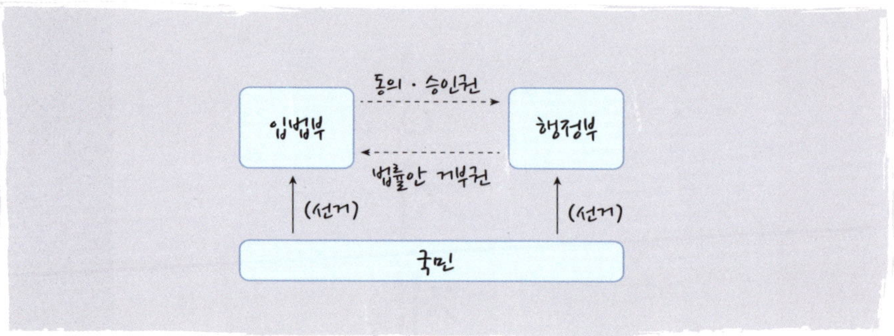

대통령제는 우리에게 매우 익숙한 제도다. 그러나 사실 미국, 대한민국을 제외한 대부분의 선진국은 대통령제가 아닌 의회제를 채택하고 있다. 대통령제는 제2차 세계대전 이후 미국의 영향을 많이 받은 남아메리카, 아프리카, 아시아 일부에서만 받아들여졌다. 현대 민주주의 국가에서 행정부는 대통령제, 의회제, 준대통령제로 구분된다. 이들을 구분 짓는 핵심 요소는 정부의 수반이 누구에게 정치적 책임을 지느냐에 있다. 이는 누가 행정부의 성립과 존속의 결정을 하느냐와 직결된다. 일반적으로 대통령제는 최고 권력자가 스스로 물러나야만 하며, 의회제는 의회의 불신임 결의를 통한 내각 해산이 가능하다.

대통령제는 선거에서 이긴 한 사람이 모든 행정권을 독점하는 승자독식의 구조이다. 대통령은 선거를 통해 국민들에 의해 직접 선출되며, 고정된 임기를 보장받는다. 대통령이 무능하거나 국민의 신임을 받고 있지 못하더라도 해임할 수 없다. 탄핵이라는 제도가 있지만 중대한 법률 위반 행위가 있지 않는 한 인정되지 않는다. 독재국가가 아닌 이상 재선 횟수는 제한된다.

대통령은 국가를 대표하는 국가원수이자 행정부의 수장 지위를 갖는다. 대통령은 정부에 대한 인사권을 행사하며, 행정부는 대통령을 중심으로 구성된다. 대통령제에서는 행정부와 입법부는 엄격히 분리된다. 원칙적으로 정부의 법안 발의, 장관의 의원 겸직 등이 허용되지 않는다. 그러나 국가별로 변형된 형태가 나타나면서 우리나라와 같이 의회제적 요소를 도입한 경우도 존재한다.

대통령제의 장점은 행정부의 안정성으로, 임기 동안 정책을 장기적이고 일관성 있게 추진할 수 있다. 민주주의의 핵심인 견제와 균형을 바탕으로 책임 있는 정부가 등장할 수 있는 발판이 된다. 단점은 정부와 의회가 극한의 대립 상황으로 치닫게 될 경우 국가 자체가 제 기능을 하지 못할 수 있다. 민주주의가 성숙하지 못한 후진국에서는 대통령제가 독재체제로 변질될 가능성이 농후하다.

대통령 단임제는 단 한 번만 재직할 수 있고, 중임제는 거듭해서 출마할 수 있는 제도이다. 단임제는 현직 대통령에 대해 선거를 통한 직접적인 평가가 불가능하기 때문에 정치적 책임성이 약화되는 측면이 있다. 그럼에도 단임제를 선택하는 국가들은 역사적으로 권위주의체제를 경험한 경우가 흔하다. 중임제는 대통령의 첫 번째 임기에 대한 국민의 심판이 가능하다. 그러나 이 역시 두 번째 임기 종료 후에는 단임제와 똑같은 현상이 일어난다는 비판이 제기된다.

〈대통령제〉
선거로 직접 선출, 고정된 임기 보장
독재국가 아닌 이상 재선 횟수 제한
장점 : 행정부 안정성, 일관된 정책 추진
단점 : 의회와 극한 대립, 독재 변질 가능성

대통령제의 역사는 미국이 영국으로부터 독립하면서 국왕을 대신할 연방 최고지도자를 선출한 것으로부터 시작된다. 당시 필라델피아 헌법회의의 구성원들은 주 의회로부터 임명된 선거인단을 통해 대통령을 선출하는 것에 합의했다. 선거인단은 각 주마다 상원의원(2명)과 하원의원 수를 더해 결정되고, 선거인단의 과반을 획득한 후보가 대통령으로 당선된다. 여기서 독특한 점은 메인주와 네브래스카주를 제외한 48개 주에서는 한 표라도 더 많이 득표한 사람이 해당주의 선거인단을 모두 갖는다. 2016년 대통령 선거에서 힐러리 클린턴 민주당 후보는 득표수에서 약 286만 표를 앞섰지만 선거인단 수에서는 80명이 밀리면서 도널드 트럼프 공화당 후보가 당선됐다.

미국 대통령의 임기는 4년으로, 연임이 가능해 최대 8년까지 가능하다. 미국의 정당체제는 양당제이기 때문에 대통령 소속의 정당이 다수당을 차지할 수 있다. 이때는 정부가 의회의 협조를 쉽게 받을 수 있으므로 정책이 빠르고 강력하게 추진된다. 다만 대부분의 경우 행정부와 의회는 권력을 나눠 갖는다. 대통령은 군통수권자지만 전쟁 선포는 의회에 권한이 있다. 다른 국가와의 조약 체결 시에도 상원의 동의가 필요하다. 대통령은 의회가 통과시킨 법안에 대해 거부권을 행사할 수 있으나 의회가 재의결할 수 있다. 정부의 예산은 의회의 엄격한 통제 하에 놓여 있다.

브라질 대통령 역시 4년 중임제이다. 그러나 브라질의 정당체제는 다당제이기 때문에 여당이 의회에서 소수당이다. 대통령이 의회의 도움을 받기는 어려운 구조지만 미국과 달리 막강한 권한이 주어진다. 브라질에서는 대통령이 법률의 위력을 지닌 포고를 선언할 수 있다. 의회의 승인 없이도 60일간 유효하며, 한 차례 갱신이 가능하다. 대통령이 법안을 발의할 수 있으며, 시급하다고 판단될 경우 의회에 의결을 요구할 수 있다. 정부의 예산에 대해서도 대통령이 큰 영향력을 행사한다.

02

의회제

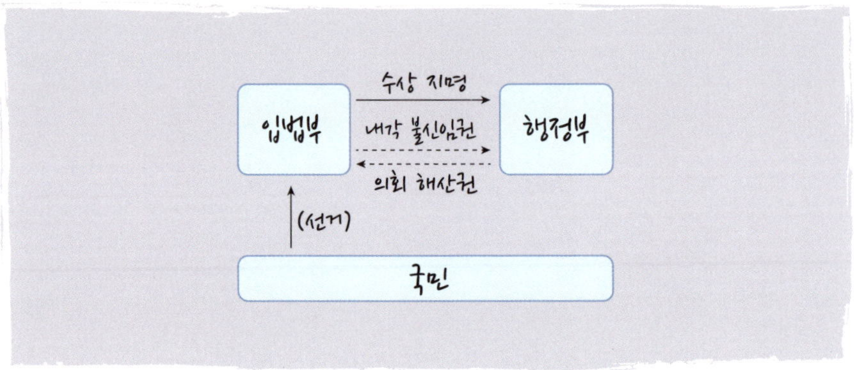

의회제는 세계에서 가장 많은 국가들이 채택하고 있는 형태로 의원 내각제, 내각책임제, 내각제라고도 한다. 의회제는 입법부에서 행정부를 구성하며 서로 유기적으로 연결돼 있다. 의회가 불신임 투표를 통해 국정에 대한 책임을 물어 내각을 해산할 수 있다. 정부수반인 총리는 다수당의 대표로, 임기 및 횟수에는 제한이 없다. 전통적으로 총리는 여러 장관들 가운데 첫 번째라는 의미를 지닌다. 국가원수는 실제 권력이 없는 군주나 별도로 선출된 대통령이 맡는다.

의회제의 장점은 정부와 의회 간의 갈등 가능성이 희박하고, 합의

정치가 보편화돼 있다. 총리가 무능하거나 국민의 신뢰를 잃었을 경우 언제든지 정권교체가 가능하다. 단점은 의회의 정부에 대한 견제 역할이 현저히 약하고, 심할 경우 거수기로 전락할 수 있다. 만약 정국이 불안하고, 내각의 잦은 해산이 이뤄질 경우 정치·사회적으로 매우 불안한 상태에 놓인다.

의회제는 영국의 웨스트민스터 시스템이 기원이다. 1714년 독일에서 온 조지 1세가 즉위했으나 영어에 능통하지 않았고 정치에 관심이 적었다. 그래서 로버트 월폴에게 여러 권한을 위임하면서 총리라는 개념이 생겼고, 내각 정치가 처음 시행됐다. 1932년부터 영국에서는 법률로써 의회가 총리를 정하게 됐고, 제1차 세계대전 이후 유럽 전역으로 의회제가 확산됐다.

<의회제>
입법부가 행정부 구성
총리=다수당 대표, 임기·횟수 제한X
장점 : 합의 정치 보편화, 쉬운 정권교체
단점 : 의회 거수기 전락, 잦은 내각 해산 가능성

의회제에서는 다수정부, 연립정부, 소수정부의 형태가 나타난다. 다수정부는 사실상 영국이 유일한 사례다. 소선거구제를 채택하고 있기 때문에 하나의 정당이 의회에서 과반수 의석을 차지할 수 있어서다. 다수당의 지도자가 총리를 맡고, 의원들로 내각을 구성한다. 여당이 의회와 내각을 모두 장악하고 있는 형태로, 매우 안정적인 정치형태로 꼽힌다.

대부분의 유럽 국가들은 연립정부의 형태를 띤다. 이들은 비례대표제를 채택하고 있기 때문에 단일 정당이 과반수 의석을 차지하기가 쉽지 않다. 연립정부는 두 개 이상의 정당이 연합해 의회 내 과반수 의석을 차지하고 정부를 구성하는 방식이다. 연립정부 구성은 선거 직후 정당 지도자들 간의 협상을 통해 만들어지고, 해당 기간에는 퇴임을 앞둔 정부가 과도정부 역할을 한다. 평균 한 달 정도 내 구성이 완료되나 1997년 네덜란드에서는 208일이 소요되기도 했다.

소수정부는 과반 수 이상의 의석수를 확보한 정당이 없고, 정당들 사이의 합의가 이뤄지지 못할 때 발생한다. 하나의 정당 또는 소수 정당 연합이 정부를 구성하지만 정치적 불안정성이 매우 높다. 야당이 내각 불신임 결의를 통해 한 번에 정부를 무너뜨릴 수 있기 때문이다. 그래서 소수정부를 '헝의회(Hung Parliament)'라고 부르기도 하는데 '대롱대롱 매달려 있다'는 부정적 의미가 담겨있다.

연립정부의 유형은 최소승리연합, 과대연합, 대형연합, 연결연합이 있다. 최소승리연합은 의회에서 과반수를 확보하는데 필요한 최소한의 정당만이 참여하는 형태다. 과대연합은 최소승리연합에 필요한 것보다 더 많은 정당들이 참여하는 경우인데, 다른 정당들이 협력해 과반을 만들 수 없게 하기 위함이다. 대형연합은 좌파와 우파의 주요 정당들이 모여 정부를 구성하는 것으로, 독일의 사회민주당과 기독민주당 연립정부가 대표적이다. 연결연합은 좌파연합, 우파연합처럼 이념적으로 유사한 정당들이 결합하는 것을 말한다.

다수정부 : 하나의 정당 과반수 의석, 단독 정부 구성
연립정부 : 두 개 이상의 정당 연합해 정부 구성
소수정부 : 정당 간 합의 이뤄지지 못할 때 발생

03

준대통령제

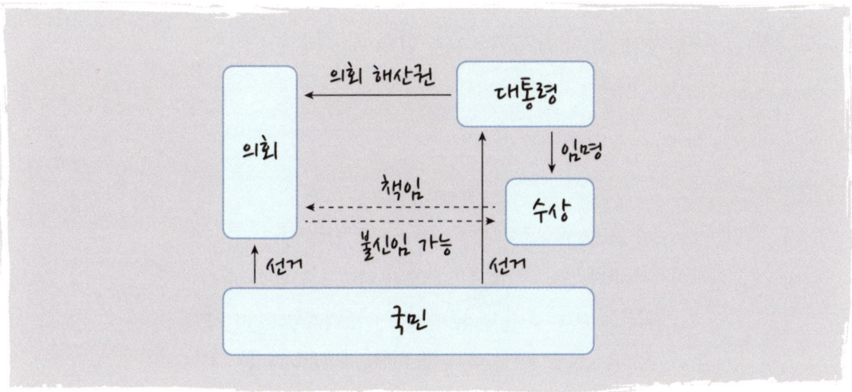

준대통령제는 대통령제와 의회제가 혼합된 형태로 이원집정부제, 분권형 대통령제라고도 한다. 국민이 대통령과 의회를 직접 선출하고, 대통령은 상당한 권한을 지녔으나 내각이 의회의 신임에 의존하는 체제이다. 준대통령제는 여대야소 상황에서는 대통령제처럼 작동하고, 여소야대에서는 의회제와 유사하게 운영된다.

준대통령제를 대통령제, 의회제와 명확하게 구분 짓기 위해 대통령은 외교·국방을 맡고, 총리는 내치를 담당한다고 단순화하는 경우가 있는데 매우 잘못된 설명이다. 헌법상 대통령과 총리의 권한을 어떻게 설정하느냐에 따라 다양한 형태가 나타날 수 있다. 일반적으로 대통령은 총리임명권과 의회해산권을 갖고 국무회의를 주재하기 때문에 국정 일부에만 영향력을 행사한다고 볼 수 없다. 의회는 내각불신임권을 갖고 있지만 대통령을 끌어내릴 수는 없다.

준대통령제의 장점은 대통령과 총리로 권력이 분산되면서 권력 남용이나 독재를 막을 수 있다는 것이다. 단점은 대통령과 총리의 소속정당과 성향이 다른 경우 극단적인 대립이 나타나면서 국정운영이 마비될 수 있다. 대통령과 총리의 권한 구분이 모호할 경우 갈등은 더욱 심화되고, 책임소재 자체를 가리기 어려운 상황에 직면한다.

<준대통령제>
대통령·의회 직접 선출, 내각 의회 신임 의존
여대야소는 대통령제, 여소야대는 의회제와 유사
장점 : 대통령·총리 권력 분산, 권력남용·독재 방지
단점 : 극단 대립 시 국정 마비, 책임소재 불명확

준대통령제 개념은 독일의 바이마르 헌법에서 처음 등장했으나, 현재 채택하고 있는 가장 대표적인 국가는 프랑스이다. 과거 제3·4 공화국 시절에는 의회가 총리를 임명하는 등 입법부에 강력한 권한이 주어졌다. 1946년부터 1958년까지 23명의 총리가 나오면서 정치적 불안정성에 대한 비판이 제기됐다. 제5공화국 헌법은 대통령의 권한을 의회보다 우위에 뒀다. 이때부터 대통령이 총리를 임명하고, 내각 불신임 요건이 강화됐다. 정부가 제출한 예산은 상하원에서 70일 내에 처리되지 않으면 통과된 것으로 간주된다.

대통령의 정당이 의회에서 과반수를 확보하고 있는 경우 대통령의 권한은 초대통령제라고 불릴 만큼 강해진다. 그러나 야당이 의회 내 다수인 경우 상황은 역전된다. 대통령이 총리에 대한 임명권을 갖고 있다고 한들, 의회의 내각불신임권을 의식할 수밖에 없다. 결국 야당이 총리를 맡게 되는 동거정부(코아비타시옹)가 나타난다. 1986년 프랑수아 미테랑 대통령(사회당·좌파)과 자크 시라크 총리(공화국연합·우파), 1993년 프랑수아 미테랑 대통령(사회당·좌파)과 에두아르 발라뒤르 총리(공화국연합·우파), 1997년 자크 시라크 대통령(공화국연합·우파)과 리오넬 조스팽 총리(사회당·좌파) 등 세 차례의 사례가 있다.

04

정당의 기능

정당은 정치권력의 획득을 목적으로 하는 결사체다. 미국의 정치학자 엘머 에릭 샤츠슈나이더(Elmer Eric Schattschneider)는 "정당은 권력을 획득하기 위한 조직적인 시도이며, 여기서 권력은 정부의 통제를 의미한다"고 정의했다. 정당은 공공의 이익을 추구하며, 구성원들은 공통의 가치관을 공유한다. 강령·당헌·당규에는 정당의 이념과 정책적 노선이 담겨있다.

정당은 유권자, 조직, 정부 측면에서 여러 기능을 수행한다. 정당은 국민들에게 정책을 제시하고, 선거에서 다양한 선택지를 준다. 또한 정치 지도자와 공직자의 충원·훈련을 담당하는 조직이며, 정치 동원을 통해 사회적 이슈를 만들어내고 핵심 지지층의 이익을 대표한다. 아울러 정권 창출을 통해 정책 목표를 실현하고, 정부의 안정성과 책임성을 담보해 준다.

정당은 정치권력이 의회로 옮겨지고, 참정권이 확대되면서 발전하기 시작했다. 국가별 정당체계는 사회경제적 요인에 기인한다. 미국의 정치학자 시모어 마틴 립셋(Seymour Martin Lipset)과 노르웨이의 사회학자 스테인 로칸(Stein Rokkan)은 국민혁명과 산업혁명에 주목한다. 국민혁명은 국가의 중앙집권화 과정에서 중심부와 주변부, 속세와 교회의 갈등 구도를 말한다. 산업혁명은 도시와 농촌, 자본가와 노동자 간의 대립 구도를 의미한다. 이 같은 사회적 분화가 해소될 경우 단순한 정당구조가, 그렇지 못할 경우 복잡한 정당구조가 나타난다.

정당 : 정치권력 획득을 목적으로 하는 결사체
정당의 역할 : 정책 제시, 공직자 충원, 지지층 이익 대표
국민혁명 : 중심부 VS 주변부, 산업혁명 : 자본가 VS 노동자

정당의 설립기준은 국가별로 상이하다. 대한민국은 5개 이상의 광역자치단체에서 각 1,000명 이상의 당원을 확보해야 하고 지역에서만 활동하는 정당은 불가능하다. 미국은 워싱턴 D.C.에 중앙당을 등록하고,

최소 1개 주에서 500명 이상의 당원을 모으면 된다. 영국의 경우 모든 선거에 참여하는 등록정당과 지방선거에만 참여하는 군소정당이 존재한다. 독일은 별도의 법적 요건이 없고, 지역정당들은 주로 쓰레기·하수처리 등 생활과 밀접한 문제들을 다룬다.

정당의 지도부와 대통령 후보는 전당대회를 통해 선출된다. 전당대회에서 투표는 원칙적으로 의원, 대의원, 당원들만 참여가 가능하다. 그러나 일반 국민이 참여할 수 있는 혼합형, 완전 개방형 방식으로 운영하기도 한다. 당대표와 최고위원은 대외적으로 당을 대표하고, 최고의사결정을 내린다. 원내대표, 사무총장, 정책위의장은 당3역이라고 부른다. 원내대표는 당 의원들의 투표를 통해 선출되고, 원내 협상과 활동을 이끈다. 임명직인 사무총장과 정책위의장은 각각 당의 조직관리와 정책연구 업무를 맡는다.

공천은 정당이 국회의원 선거에 출마할 후보자를 추천하는 것을 말한다. 통상 당내 공천심사 기준을 마련하고, 공천관리위원회를 통해 심사과정을 거친다. 단수공천은 해당 지역구에 가장 경쟁력 있는 후보자 1명을 내놓는 방식이다. 경선은 여러 명의 후보자 중 당원·국민 여론조사 등을 거쳐 최종 후보자를 결정하는 절차이다. 전략공천은 선거에서 중요한 지역에 특정 당내 인물, 원외 인사 등을 전략적으로 내세우는 방법이다.

대한민국 정당 설립 기준 : 5개 이상의 광역자치단체에서
각 1,000명 이상의 당원 확보
당3역 : 원내대표, 사무총장, 정책위의장
공천 방식 : 단수공천, 경선, 전략공천

정당의 자금은 당비, 후원금, 기탁금, 보조금에 의존한다. 정치자금법상 정당은 소속 당원으로부터 당비를 받을 수 있다. 중앙당, 국회의원, 후보자 등은 후원회를 둘 수 있는데 후원인은 연간 2,000만 원을 초과해 기부할 수 없다. 대통령후보자·대통령선거경선후보자의 후원회에는 각각 1,000만 원, 국회의원 및 후보자·당대표 경선 후보자·지방자치단체장 후보자의 후원회는 각각 500만 원으로 제한된다. 1회 10만 원 이하, 연간 120만 원 이하의 후원금은 익명 처리가 가능하다.

사회관계망서비스(SNS)의 경우 정치인이 개설·운영하는 모든 채널에서 후원금을 받을 수 없다. 외관상 운영 주체가 정치활동을 하는 사람이 아니더라도 운영목적·방법·내부관계 등을 종합해 실질적으로 운영하는 것으로 평가될 수 있다면 이 역시도 금지된다. 정계 은퇴를 선언했거나 피선거권이 없는 사람, 자원봉사자·무급사무직원·일반당원은 해당하지 않는다. 기탁금 기준은 1인이 연간 1억 원 또는 전년도 소득의 5% 이하 중 높은 액수다. 누구든지 인적사항을 밝히지 않고 기탁할 순 없고, 공개하지 않을 조건은 걸 수 있다.

현행법상 국내·외의 법인 또는 단체는 정치자금을 기부할 수 없다. 이를 위반하면 5년 이하의 징역 또는 1,000만 원 이하의 벌금에 처한다. 그러나 기업이나 이익단체들의 정치인에 대한 불법 후원금은 근절되지 않고 있다. 본인, 가족, 직원 등 명의로 소액을 다수 후원하는 이른바 '쪼개기 후원'이 성행하고 있다. 통상 받은 사람에 대한 처벌은 이뤄지지 않는다. 소액의 경우 누가 후원했는지 알기 어렵고, 불법성 입증 역시 쉽지 않기 때문이다.

보조금은 국가가 정당운영에 필요한 자금을 보조해 주는 것으로 교섭단체 여부, 의석수, 총선 득표율에 의해 분배된다. 보조금의 종류는 매년 지급하는 경상보조금과 선거 때 지급하는 선거보조금이 있다. 전체 보조금의 50%를 원내교섭단체 정당이 나눠 갖고, 의석수가 5~19석인 정당이 5%, 의석수가 5석 미만인 정당이 2%가 배당된다. 잔여분은 의석수에 따라 지급하고, 다시 총선 득표율에 따라 배분한다.

정당의 자금 : 당비, 후원금, 기탁금, 보조금
정치인 사회관계망서비스(SNS) 후원 원칙적 금지
현행법상 국내·외 법인·단체 정치자금 기부 불가

05

정당의 변천

정당은 시대와 환경의 변화에 맞춰 가장 효율적 형태로 진화해왔다. 특히 일반 대중에게 참정권이 부여되면서 정당 조직은 선거 승리를 위해 급변하기 시작했다. 19세기 정당은 간부정당, 명사정당, 망명가정당, 엘리트정당이라고 불린다. 당시 국민 대다수는 투표권이 없었고, 귀족과 정치인들이 상호 연계된 집단이었기 때문이다. 영국, 캐나다, 스칸디나비아에서는 보수당 모임을 지칭하는 코커스가 정당의 기반이 됐다. 의원들은 단일한 국가의 이익이 존재한다고 믿고 의정활동을 펼쳤다.

간부정당은 근대적인 정당 시스템이 자리 잡지 못한 상태라 특정인에 의해 좌지우지되는 경우가 많았다. 정당 지도자가 선거의 후보자를 선정하고, 정강은 연설에 기반하며, 의사결정은 독단적이거나 비공식적으로 이뤄졌다. 체계적인 정당 조직이 갖춰지지 못했고 당비는 갹출되는 방식이었다. 정당의 규율 자체가 없어서 의원들의 단합과 응집력도 약했다. 보통선거가 보편화된 이후에서야 당 규율은 강해지고 하부 조직이 갖춰지기 시작했다.

대중정당은 1880년부터 1960년까지 참정권이 확대되면서 중산층, 노동자, 농민 등의 지지를 기반으로 조직된다. 정당이 국민 대다수에 개방된 형태이나 대중들의 참여는 제한적이었다. 결국 정당 내 정치적 기반이 탄탄한 집단에 의해 지배됐고, 의원들의 입법 활동을 엄격히 규제했다. 대표적인 예로는 영국의 노동당, 독일·스웨덴의 사회민주당 등이 있다.

대중정당은 간부정당에 비해 당원수가 많고 중앙집권적이다. 통상 거대한 당원 조직을 거느리고, 노동조합이나 이익단체와 결합한다. 대중정당은 단일한 국가 전체의 이익보다는 자신들이 지지하는 사회집단을 대표하는데 주력한다. 분명 특정 계급의 입장을 대변하는 계급정당과 비슷한 측면이 있는데 대중정당은 전문가, 자영업자 등 더 넓은 계층의 사람들을 포괄한다는 점에서 차이가 있다.

1945년 이후 등장한 포괄정당은 극단적인 자본가·노동자 계급의 대립을 넘어 국민 전체를 대표하는 것을 지향하게 된다. 특히 전통 우파 정당들이 대중정당에 맞서 들고 나온 새로운 전략이었다. 과거처럼 대중정당들 역시 국민들을 동원하기 어려운 시대 상황이 됐다. 정당 지도자들은 선거 승리에 몰두하게 됐고, 대중매체가 발달하면서 정당조직의 중요성이 감소했다. 정당들은 포괄적인 이념과 정책을 앞세우고, 사회적 이익 대표에서 정권 창출로 목적을 변경한다.

독일 사회민주당은 1959년 고데스베르크 강령을 채택하고, 사회주의 노동자당에서 실용주의적 국민정당으로의 전환을 선포한다. 해당 강령의 첫 문장에는 '사회주의자는 모든 사람들이 자유 속에서 그들의 개성을 발전시킬 수 있는 공동체지향하는 한편 정치, 경제, 문화생활에 공동체의 일원으로 책임 있게 임하는 인간성을 함께 발전시키는 공동체를 지향한다'고 명시됐다. 이를 기점으로 사회민주당은 지지층의 저변이 중산층으로 확대됐고 1966년에는 연립정권에 참여했다.

카르텔정당은 국민으로부터 멀어지고, 정부와 결탁해 정치적 목적을 실현하려는 경향을 말한다. 1970년대 이후부터 나타나기 시작했으며, 사실상 정당은 국가의 일부가 됐다. 정당에 참여하는 사람들은 급격히 감소하고, 당원의 권리나 의무는 더 이상 중요하지 않게 됐다. 선거에서는 매력적인 정책보다는 정부 관리 능력이 우선되는 전략이 구사된다.

정당으로 들어오는 당비가 줄어들면서 국고보조금이 보편적인 제도로 자리 잡는다. 이는 기존의 거대정당들의 기득권을 강화하고, 새로운 정당에 비해 유리한 위치를 선점하게 만들었다. 이들의 경쟁자는 기존의 정당이 아니라 새로운 정당의 등장이다. 의회 운영의 모든 것은 정부의 효율적 운영에 초점이 맞춰져 있다. 여야는 극한의 대립을 피하고, 법안과 예산처리에 있어 타협적인 태도를 취한다.

간부정당 : 19세기 소수엘리트 조직
대중정당 : 1880~1960년 노동조합 · 이익단체와 결합
포괄정당 : 1945년 이후 국민 전체 대표 지향
카르텔정당 : 1970년대 이후 기득권화 · 국고보조금 의존

06

정당체제

민주주의는 정당들의 공정한 경쟁을 바탕으로 작동한다. 정당이 한 개라면 국민들에게는 선택지 자체가 없다. 정당이 두 개라면 하나의 정당이 과반수 의석을 확보할 것이고, 세 개 이상의 정당이 있다면 보다 더 다양한 목소리가 정치에 반영될 것이다. 이처럼 정당체제를 구분하는 데 있어 정당의 수는 매우 중요한 지표이며 원내 의석수는 정부의 구성, 정치적 안정성 등을 좌우한다.

프랑스의 정치학자 모리스 뒤베르제(Maurice Duverger)는 정당의 수에 가장 먼저 관심을 가졌다. 정치학에서 '뒤베르제의 법칙'은 상당히 유명하다. 소선거구제는 양당제로 귀결되고, 비례대표제는 다당제로 연결된다는 가설이다. 소선거구제는 하나의 선거구(지역구)에서 한 명의 의원을 뽑는 제도다. 소선거구제와 양당제의 상관관계는 기계적 효과와 심리적 효과로 설명된다. 기계적 효과는 선거에서 패배한 정당의 득표수는 의석수에 반영이 되지 않는 것을 말하고, 심리적 효과는 유권자들이 당선 가능성이 낮은 정당에 투표하지 않는 사표방지 성향이 작용하는 것을 의미한다.

<뒤베르제의 법칙>
소선거구제 → 양당제, 비례대표제 → 다당제

뒤베르제는 정당을 일당제, 양당제, 다당제로 구분했다. 일당제는 국가 내 한 개의 정당만이 존재하는 경우다. 다만 정당 내 파벌들이 경쟁한다면 야당과 같은 역할을 할 수 있다고 봤다. 1950년~60년대만 하더라도 미국과 영국이 가장 안정적인 민주주의 체제를 구축하고 있었기 때문에 양당제를 가장 이상적인 형태로 생각했다. 그러나 이제 복잡해진 현대사회에서 양당제는 드물게 나타난다. 다당제는 세 개 이상의 정당이 존재하는 것으로 좌·우파 내 강경·온건파로 분열 시 발생한다.

이탈리아의 정치학자 조반니 사르토리(Giovanni Sartori)는 비경쟁체제와 경쟁체제라는 큰 틀에서 정당을 분류했다. 비경쟁체제에는 일당제와 패권정당제가 있다. 사르토리는 일당제 내 파벌은 사적 경쟁일 뿐 복수정당의 기능할 수 없다고 지적했다. 패권정당제는 외형적으로는 여러 개의 정당이 존재하지만 정권 창출 가능성이 없는 경우다. 비경쟁체제는 주로 중국, 쿠바, 북한 등 공산국가나 독재국가에서 나타난다.

경쟁체제에서는 일당우위제, 양당제, 온건다당제, 분극적 다당제가 있다. 일당우위제는 하나의 정당이 항상 집권하는 경우로, 일당제와 유사하나 선거에 의한 정권교체가 허용된다는 점에서 차이가 있다. 대표적으로 일본은 자유민주당이 1955년부터 현재까지 집권하고 있으며 1993년~1996년, 2009년~2012년 두 차례의 예외만 존재했다. 싱가포르의 인민행동당은 1959년 이후 단 한 번도 정권을 내준 적이 없다.

온건다당제는 3개~5개의 정당이 존재하는 가운데 어느 한 정당도 절대다수 의석을 확보하지 못한 상태다. 통상 정치 이념적 성향이 크게 차이가 나지 않으며, 2개 이상의 정당이 연대해 연립정부를 수립한다. 독일, 벨기에, 네덜란드 등이 속하며 안정된 합의 정치가 이뤄진다. 분극적 다당제는 5개~6개 정당이 존재하며 연립정부 구성이 어려운 경우다. 정당들은 이념적으로 양극단에 위치하며, 정치적으로 불안한 상태다. 과거 독일의 바이마르 공화국, 프랑스의 1958년부터 1981년까지의 시기가 해당된다.

일당우위제 : 하나의 정당이 항상 집권
양당제 : 2개 정당, 가장 안정적 체제
온건다당제 : 3~5개 정당, 연립정부 수립
분극적 다당제 : 5~6개 정당, 연립정부 구성

대한민국의 정당체제는 민주화 이후 양당제적 흐름이 강했다. 한 축은 민주정의당-신한국당-한나라당-새누리당-미래통합당-국민의힘, 다른 한축은 신민당-평화민주당-민주당-새정치민주연합-더불어민주당이 담당했다. 최근 다섯 차례의 국회의원 선거에서 1·2당의 의석점유율은 2004년 91.3%, 2008년 78.3%, 2012년 93%, 2016년 81.7%, 2020년 94.3%로 집계됐다. 선거 때마다 등장한 제3정당은 기존 양당에서 이탈한 세력이 만드는 경우가 흔했다. 좌파정당은 민주노동당-통합진보당-정의당으로 명맥은 이어오고 있으나 유의미한 의석을 얻지는 못했다.

우리나라는 양당제보다는 2.5당제로 보는 것이 더 타당하다는 시각도 있다. 2.5당제는 좀 더 세분화된 분류법으로, 1·2당의 의석 점유율이 80~95%인 경우를 지칭한다. 실제 총선 결과에 따른 유효정당 수의 평균은 2.5에 가깝다. 유효정당수는 정당별 득표수나 의석수를 기준으로 정당의 상대적 크기를 측정하는 개념이다. 락소·타게페라 계산법에 따르면 유효정당 수는 2004년 2.4, 2008년 2.9, 2012년 2.2, 2016년 2.9, 2020년 2.1로 나타났다.

〈역대 대한민국 총선 유효정당수〉

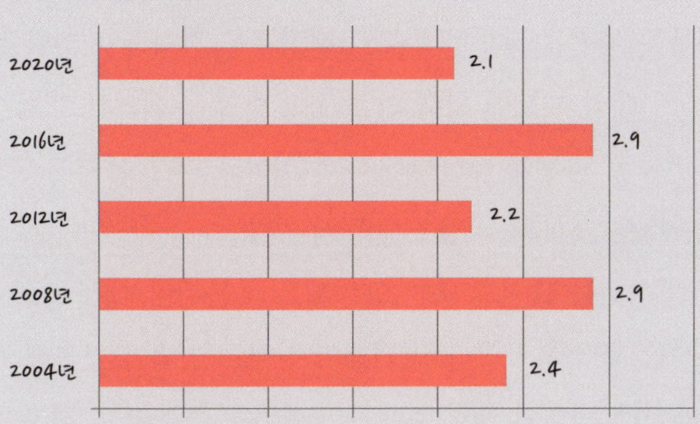

* 유효정당수 산출 공식

$$N = \frac{1}{\sum_{i=2}^{n} P_i^2}$$

n = 최소 1석이나 1표를 얻은 정당의 수

P_i^2 = 해당 정당의 득표율 또는 의석 점유율의 제곱

07

단원제와 양원제

입법부는 삼권분립의 한 축으로 행정부를 견제하는 역할을 한다. 의원들은 국민들의 투표에 의해 선출되고, 법률을 심의하고 제정한다. 주요 감시 기능은 정부의 예산안에 대한 심의와 의결, 본회의·상임위원회 질의, 현안토론, 청문회, 국정조사 등이 있다.

각국의 의회는 단원제 또는 양원제로 구분된다. 대부분의 나라에서는 단원제를 채택하고 있다. 단원제의 장점은 입법이 신속해 시간과 비용이 절약된다. 의회의 책임 소재가 명확하게 구분되고, 정부에 대한 입법부의 통제가 강력하다. 단점은 다수당의 횡포에 대해 견제가 어렵고, 정부와 의회의 갈등 시 문제해결이 쉽지 않다. 통상 상원이 지역이나 직능을 대표함으로써 소수를 보호하는데 이 역시 불가능하다.

양원제는 정치, 사회, 역사적 배경의 이유로 입법부가 상원과 하원 두 개로 나뉜 구조다. 국토의 면적이 넓거나 연방제 국가에서 채택하는 보편적인 형태다. 과거 영국은 군주제 국가의 특성상 상원은 귀족, 하원은 평민이라는 이원적 구조를 갖고 있었다. 미국은 연방제의 전통으로 각 주마다 상원의원이 할당되고, 하원의원이 국민 전체를 대표한다. 미국의 상원은 인구수가 적은 주가 과다대표되도록, 하원은 인구수에 비례해서 대표되도록 설계돼 있다. 이는 건국 당시 13개 주의 연합체로 출발했고, 각 주들이 동등해야 한다는 원칙에 대한 동의가 이뤄졌기 때문이다 현재 인구수로는 캘리포니아주는 약 4,000만 명, 네바다주는 약 300만 명, 와이오밍주는 약 50만 명이지만 모두 동일하게 상원의원은 2명씩 할당돼 있다.

상원은 직접선거, 간접선거, 임명 등으로 선출된다. 직접선거는 프랑스가 대표적으로 주별로 선거인단에 의해 선출된다. 간접선거는 주정부나 주의회에서 선출하는 방식으로 독일, 오스트리아, 네덜란드 등에 도입돼 있다. 임명의 경우 영국은 여왕이 사회지도층 중에서 선정하며, 캐나다는 총리의 추천으로 이뤄진다. 복합적인 방식 역시 존재한다. 벨기에는 직선과 간선 방식을 혼합했고, 스페인은 직선선출과 지역의회 임명이 결합됐다. 노르웨이와 아이슬란드는 선거 후 사후적으로 상원과 하원을 나눈다.

일반적으로 하원이 상원보다 더 규모가 크고, 강력한 권한을 갖고 있다. 하원은 예산안 통제권, 새로운 법안 발의, 거부권 무효 등이 가능하다. 양원제의 장점은 이중 심의절차를 통해 신중한 법안 통과가 이뤄진다는 것이다. 정부와 하원이 충돌 시 완충 기능을 하고, 지역이나 직능대표제 도입이 용이하다. 단점은 입법 속도가 느려 시간과 비용이 많이 든다. 또한 상원과 하원 사이의 책임전가가 발생하고, 의견 불일치 시 사회적 혼란이 야기될 수 있다.

상원은 하원보다 임기가 길다. 평균적으로 상원은 5~6년, 하원은 4~5년 정도이다. 선거주기와 시차에도 차이를 둔다. 이는 상원과 하원의 서로 견제를 통해 독단적인 결정과 부정부패를 막으려는 장치다. 미국의 상원은 6년 임기로 2년마다 상원의 3분의 1을 새로 선출한다. 프랑스의 상원은 3년 임기이며, 3년마다 절반을 새로 뽑는다.

	단원제	양원제
장점	신속한 입법 명확한 책임소재	신중한 입법 지역·직능대표제 도입
단점	다수당 횡포 정부·의회 갈등 해결 어려움	느린 입법 속도 상·하원 간 책임전가

08

국회

대한민국 국회는 보통·평등·직접·비밀선거에 의해 구성되며, 국회의원의 임기는 4년이다. 헌법상 국회의원 수는 200인 이상으로 하도록 돼있다. 현재 공직선거법상 지역구 의원 253명과 비례대표 의원 47명을 합해 300명이다. 국회의원의 선거구와 비례대표제 등 선거에 관한 사항 역시 법률로 정한다.

국회는 단원제를 채택하고 있지만 고정불변한 제도는 아니다. 1952년 제1차 헌법 개정 당시 양원제가 채택된 바 있다. 그러나 참의원 구성을 위한 입법이 이뤄지지 않으면서 실제 선출은 이뤄지지 않았다. 1960년 4.19 혁명 이후 제3차 헌법 개정에서 대통령제가 의회제로 바뀌었고, 제5대 국회에서 참의원과 민의원이 선출됐다. 참의원의 임기는 6년으로 3년마다 절반이 교체되고, 민의원의 임기는 4년이었다. 이들은 1961년 5·16 군사쿠데타로 강제해산 당하면서 임기를 1년도 채우지 못했고 다시 단원제로 회귀했다.

국회의원 선거 이후 국회 조직을 갖추는 일을 원 구성이라고 한다. 국회법상 첫 임시회의는 국회의원 임기 시작 후 7일에 열린다. 이때 국회의장과 국회부의장을 선출하고, 이후 3일 이내에 상임위원장을 선출한다. 국회의장과 국회부의장은 무기명투표로 뽑고, 재적의원 과반수의 득표로 당선된다. 국회 관례상 국회의장은 원내 1당이, 국회부의장 2명은 원내 1·2당이 각각 맡는다. 보통 4~5선급 다선의원이 당내 경선이나 합의를 거쳐 후보로 나온다.

국회의 회기는 정기국회와 임시국회로 나뉜다. 정기국회는 매년 9월 1일이며, 100일간 계속된다. 그날이 공휴일인 때에는 다음 날에 소집한다. 정기국회에서는 교섭단체 대표연설, 대정부 질문, 국정감사, 예산심의 등이 이뤄진다. 임시국회는 30일 이내로 재적의원 4분의 1 이상의 또는 대통령의 요구가 있으면 개최된다. 대통령이 임시국회를 요구할 때는 기간과 이유를 명시해야 한다.

국회에서 원내교섭단체는 막강한 권한을 지닌다. 원내교섭단체 대표들은 국회 운영일정, 본회의 일정, 상임위원회 위원 등 모든 주요 사안을 조율하기 때문이다. 원내교섭단체는 당적에 관계없이 20인 이상의 의원이 모이면 구성할 수 있다. 그러나 대부분 원내 1·2당만 구성할 수 있었고, 제3의 교섭단체가 예외적으로 존재했다. 소수정당 간 연합을 통해 공동교섭단체를 구성한 사례도 있다. 2008년에는 자유선진당(18석)·창조한국당(3석)이 '선진과 창조의 모임'을, 2018년에는 민주평화당(14석)·정의당(6석)이 '평화와 정의의 모임'을, 2020년에는 바른미래당(8석)·대안신당(7석)·민주평화당(4석)·무소속(1석)이 '민주통합의원모임'을 만들었다.

정기국회 : 매년 9월 1일, 100일간 진행
임시국회 : 재적의원 4분의 1 이상 요구 시, 30일 이내
원내교섭단체 : 당적 상관없이 20인 이상 구성 가능

국회의 법안과 청원 심사는 상임위원회를 중심으로 진행된다. 현재 국회운영, 법제사법, 정무, 기획재정, 교육, 과학기술정보방송통신, 외교통일, 국방, 행정안전, 문화체육관광, 농림수산식품해양수산, 산업통상자원중소벤처기업, 보건복지, 환경노동, 국토교통, 정보, 여성가족 등 17개가 존재한다. 상임위원장은 본회의를 통해 선출되고, 상임위원회 위원 임기는 2년이다. 상임위원회는 재적위원 5분의 1 이상의 출석으로 열 수 있고, 재적위원 과반 출석과 출석위원 과반 찬성으로 의결할 수 있다. 본회의는 재적의원 5분의 1 이상의 출석이 요구되며, 오후 2시(토요일 오전 10시)에 개의한다. 국회의장이 교섭단체 대표와 협의해 시간을 변경할 수 있다.

대정부질문은 본회의 회기 중 국회의원이 정치·외교·통일·안보, 경제, 교육·사회·문화 등 국정분야에 대해 정부에 질문을 하는 것이다. 국회의장은 교섭단체 대표와 협의를 통해 질문을 할 의원 수를 정하며,

소속의원 수의 비율에 맞춰 배정된다. 해당 의원은 질문요지서를 국회의장에게 제출해야 하고, 국회에서 질문시간 48시간 전까지 정부에 질문요지서가 송부돼야 한다. 질문 방식은 일문일답으로 하며, 질문 시간은 20분을 넘을 수 없다. 질문 및 발언은 속기록에 기록되며 삭제할 수 없다.

긴급현안질문은 긴박한 사건이나 문제를 따지기 위한 제도로 대정부질문과 구분된다. 국회의원은 20인 이상의 찬성으로 국회의장에게 요구할 수 있다. 질문요구서를 본회의 개의 24시간 전까지 제출하면 의사일정을 국회운영위원회와 협의하고, 필요한 경우 본회의에서 표결로 정할 수 있다. 질문시간은 총 120분이며, 교섭단체 대표들의 협의로 연장될 수 있다. 국회의원 1명당 질문은 10분, 보충질문은 5분이다.

국회의원은 자유로운 의정활동 보장을 위해 불체포특권과 면책특권이 부여된다. 국회의원은 현행범이 아닌 이상 회기 중 국회의 동의 없이 체포 또는 구금되지 않는다. 국회의원 체포동의안이 제출되면 72시간 이내에 무기명 표결을 진행해야 하고, 재적의원 과반출석과 출석의원의 과반 찬성이 필요하다. 회기 전에 체포 또는 구금된 때에는 현행범인이 아닌 한 국회의 요구가 있으면 회기 중 석방된다. 국회의원은 국회에서 직무상 행한 발언과 표결에 대해 책임지지 않는다.

다만 국회 밖에서 발언하거나 출판했을 때는 면책이 적용되지 않는다. 2005년 8월 노회찬 민주노동당 의원은 삼성으로부터 떡값을 받은 검사 7인의 실명을 공개하고, 인터넷에 '삼성 X파일'을 게시했다. 대법원은 2013년 2월 14일 기자들에게 배포하는 보도자료는 면책특권에 해당하지만 인터넷에 직접 올리는 것은 통신비밀보호법 위반이라고 판결했다. 노 의원은 징역 4월에 집행유예 1년, 자격정지 1년의 형을 받아 의원직을 상실했다.

불체포특권 : 회기 중 국회 동의 없이 체포불가
면책특권 : 직무상 행한 발언 책임 묻지 않음

09

입법

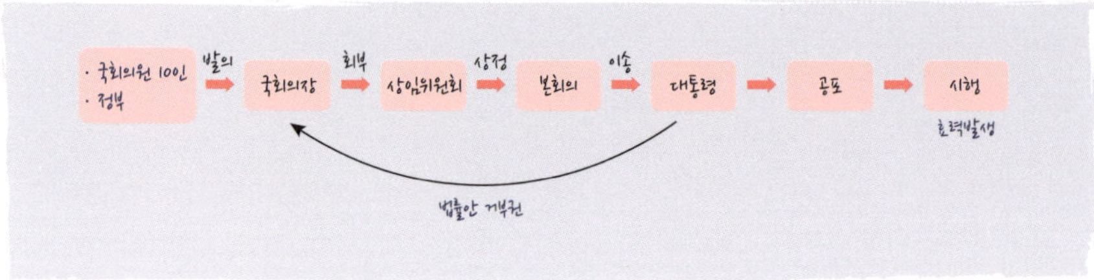

입법권은 헌법상 국회에 속한다. 입법 과정의 시작은 법안 발의다. 국회의원은 10인 이상의 찬성으로 의안을 발의할 수 있고, 예산상 조치가 필요한 경우에는 국회예산정책처의 추계서나 추계요구서를 함께 제출해야 한다. 소수정당은 의원 수를 채우지 못해 법안을 발의하지 못하는 경우도 발생한다. 법안 발의 조건은 국가별로 차이가 있다. 미국·영국·프랑스에서는 의원이 단독으로 법안을 발의할 수 있고, 독일은 재적의원 5% 이상의 동의가 필요하다. 일반적으로 대통령제를 채택한 국가에서는 정부의 법안 제출을 인정하지 않으나 우리나라에서는 가능하다. 정부가 법안을 제출할 때에는 국무회의의 심의를 거쳐야 한다.

국회의원이나 정부가 법안을 제출하면 소관 상임위원회로 회부된다. 상임위원회에서는 대표발의자의 법안 취지 설명, 전문위원 검토 보고, 소위원회 심사, 찬반토론, 표결을 거친다. 상임위원회에서 의결 후 법제사법위원회로 넘기면 체계·자구심사를 거치게 된다. 과거에는 해당 권한을 악용해 법제사법위원회에서 쟁점 법안을 장기간 계류시키면서 여야 간 마찰이 자주 일어났다. 국회 관례상 법제사법위원장은 야당이 맡아왔고, 당시에는 상원 역할을 하고 있다고 평가됐다. 이 같은 폐단을 막기 위해 현재는 60일 이내에 심사를 마치지 않을 경우 상임위원회 재적위원 5분의 3 이상 찬성으로 본회의 직회부가 가능하도록 법이 개정됐다.

법안이 법제사법위원회를 통과하면 본회의로 넘어간다. 본회의에서는 재적의원 과반 출석과 출석의원 과반 찬성으로 법안을 의결한다. 국회법상 본회의에서도 수정안 제출이 가능하나 일반적으로 일어나지 않는다. 이 경우 일반 법안은 의원 30명, 예산안은 50명 이상의 찬성이 필요하다. 전원위원회는 국회의원 전원이 참석해 법안을 심사하는 제도이다. 1948년 처음 도입됐고 1960년 폐지 후 2000년 다시 부활했다. 재적의원 4분의 1 이상의 요구가 있어야 하며, 국회의장이 교섭단체 대표들의 동의를 얻어 개회하지 않을 수 있다. 전원위원회는 수정안을 제출할 수 있고, 재적위원 4분의 1 이상 출석과 출석위원 과반의 찬성으로 의결한다.

국회에서 의결된 법안은 정부로 이송된다. 대통령은 15일 이내에 서명·공포해야 하며, 특별한 규정이 없는 한 공포한 날부터 20일이 경과되면 효력이 발생한다. 대통령이 법안에 대해 이의가 있을 경우 이송된 날로부터 15일 이내에 거부권을 행사하고, 국회의 재의를 요구할 수 있다. 국회는 재적의원 과반 출석과 출석의원 3분의 2 이상의 찬성으로 무력화시킬 수 있고, 의결 즉시 법률로써 확정된다.

법안 발의 : 국회의원 10인 이상 찬성
대통령 거부권 : 법안 이송된 날로부터 15일 이내 행사
재의결 : 재적의원 과반 출석, 출석의원 $\frac{2}{3}$ 이상 찬성

예전에는 정부의 법안 발의가 많았으나 최근에는 국회의원의 법안 제출이 급증했다. 국회 의안정보시스템에 따르면 16대 국회에서는 정부 595건·국회의원 1,912건, 17대 국회에서는 정부 1,102건·국회의원 6,387건, 18대 국회에서는 19대 국회에서는 정부 1,093건·국회의원 1만 6,729건, 20대 국회에서는 정부 1,094건·국회의원 2만 3,047건으로 나타났다. 그러나 국회의원 법안 가결률은 정부 발의에 비해 현저히 낮은 경향을 보인다. 16대 국회에서 정부 72.4%·국회의원 26.9%, 17대 국회에서 정부 51.1%·국회의원 21.1%, 18대 국회에서는 정부 40.8%·국회의원 13.6%, 19대 국회에서는 정부 34.7%·국회의원 14.4%, 20대 국회에서는 정부 27.8%·국회의원 12.5%로 집계됐다. 이는 언론과 시민단체가 법안 발의 건수를 국회의원 평가지표로 활용하면서 졸속 입법이 증가한 탓으로 분석된다.

10

예산심의

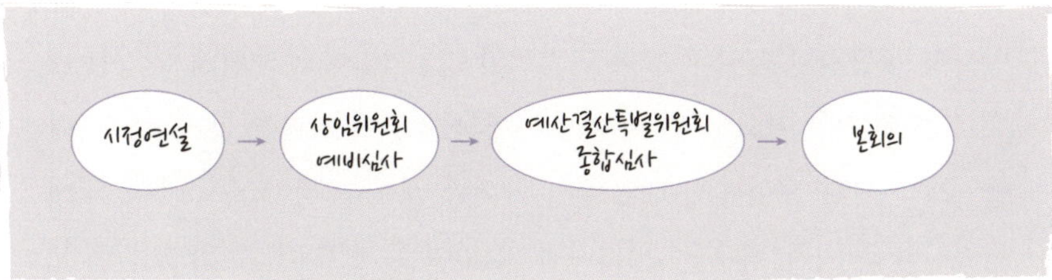

행정부에서 제출한 예산안은 의회의 심의를 반드시 거쳐야 한다. 통상 대통령제 국가에서는 예산심의가 엄격하게 이뤄지는 반면 의회제에서는 원안대로 통과된다. 우리나라는 헌법상 국가예산안의 편성·제출 권한은 정부에게, 심의·확정권한은 국회에 두고 있다. 예산심의 절차는 시정연설, 상임위원회 예비심사, 예산결산특별위원회 종합심사, 본회의 의결 순으로 진행된다.

시정연설은 정부가 예산안을 국회에 제출할 때 기본방향을 설명하는 것이다. 우리나라는 취임 첫해에만 대통령이, 다음부터는 국무총리가 연설문을 대독하는 것이 관행이다. 상임위원회에서는 소관 부처의 예산을 심사한다. 국회의장은 예비심사 후 예산안을 예산결산특별위원회로 넘겨 종합심사를 진행한다. 이곳에서는 국무총리, 기획재정부 장관의 제안 설명과 정부에 대한 질의응답이 이뤄진다. 종합심사가 끝나면 본회의에 상정되며 최종 표결로 확정된다. 국회의 예산안 수정권한은 전액의 삭감이나 비목의 삭제에 그치는 것이 원칙이며, 새로운 항목 추가나 증액은 정부의 동의가 있어야 한다.

정부는 예산안을 편성해 회계연도 개시 90일 전에 국회에 제출해야 한다. 국회는 회계연도 개시 30일 전까지 의결을 마쳐야 한다. 우리나라의 회계연도는 1월 1일에서 12월 31일까지이며, 예산안 처리는 12월 2일까지는 이뤄져야 한다. 2014년 국회선진화법이 도입된 이후 11월 30일까지 예산안 심의를 완료하지 않으면 12월 1일에 본회의에 부의된 것으로 간주한다. 이럴 경우 여야는 본회의를 열어 의결을 할 수 있다. 다만 국회의장과 교섭단체 대표들이 합의할 경우 조정이 가능하다. 역대 법정시한을 지킨 경우는 2014년과 2020년 두 번뿐이다. 2015년·2016년·2021년은 12월 3일, 2017년은 12월 6일, 2018년은 12월 8일, 2019년은 12월 10일, 2022년은 12월 23일, 2023년은 12월 21일에 처리됐다.

예산결산특별위원회에서 심사가 완료되지 않은 예산안은 정부안이 그대로 본회의에 상정된다. 여대야소 상황에서는 정부여당이 시간 끌기를 통해 자신들이 원하는 대로 예산안을 통과시킬 수 있다. 반면 여소야대의 상황일 경우 급한 것은 정부여당이 된다. 예산안이 본회의에 상정된 후 야당이 수정안을 발의해 의결하면 되기 때문이다.

국회는 예산 삭감·삭제만 가능, 추가·증액은 정부 동의 필요
예산안 법정시한 12월 2일, 교섭단체 간 합의로 조정 가능

추가경정예산은 기존에 편성한 예산으로 감당하기 어려운 상황이 발생했을 때 정부가 국회에 추가로 제출하고 승인받는 예산이다. 모든 나라에서 거의 매년 추가경정예산이 편성되고 있다. 주로 자연재해, 전염병 발생, 경기침체, 실업대책 등을 위해 편성되는 경우가 흔하다. 대표적인 사례는 2020년 코로나19 대응을 위한 추가경정 예산으로 방역체계 고도화, 중소기업과 소상공인 회복 지원 등이 목적이었다.

정부의 예산 지출은 결산을 통해 사후 심사를 받는다. 정부의 결산 보고서는 감사원의 검사와 확인을 거친 뒤 국회에 제출된다. 예산결산특별위원회에서 심사를 하고, 본회의 상정·의결을 통해 최종 확정된다. 이 과정에서 국회는 위법이나 부당한 행위가 발견할 경우 처벌·시정 조치를 요구할 수 있다. 정부는 국회의 요구를 지체 없이 처리해야 하며, 해당 결과를 국회에 보고해야 한다.

추가경정예산 : 기존 예산으로 감당하기 어려운 상황 발생 시 편성
예산 지출 결산보고서 : 감사원 검사·확인 거친 뒤 국회에 제출

11

국정감사·국정조사·특별검사

매년 정기국회의 꽃은 국정감사다. 1972년 유신헌법에서 국정감사권은 삭제됐다가 1987년 9차 개헌으로 부활됐다. 국정감사에서는 국회가 국정운영 전반에 대해 지적하고, 언론에서는 대대적인 보도가 이뤄진다. 국회의원들은 일명 '국감스타'로 자리매김하며, 자신의 인지도를 높일 수 있는 절호의 기회로 여겨진다. 이 때문에 벵갈고양이, 맷돌, 인공

지능스피커 등 독특한 물건을 들고 나오거나 개량한복, 태권도복 등 이색 의상을 착용하는 경우도 흔하다. 하지만 세간의 주목을 받으려다 엉뚱한 이야기를 하거나 호통·쇼만이 난무하는 상황이 벌어지기도 한다.

국회 상임위원회별로 국정감사는 원칙적으로 매년 9월 10일부터 20일간 진행하도록 돼있다. 그러나 본회의 의결로 시기를 변경할 수 있고, 통상 9월 중순이나 10월 초순경에 실시된다. 대상 기관은 국가기관, 지방자치단체, 공공기관, 한국은행, 농업협동조합중앙회, 수산업협동조합중앙회 등이다. 국회는 자료 제출을 요청할 수 있고, 피감기관은 특별한 이유가 없는 한 응해야 한다. 국정감사에서는 증인·감정인·참고인의 출석을 요구할 수 있고, 위증 시 법적 처벌을 받을 수 있다. 모든 일정과 내용은 원내교섭단체 정당 소속 상임위원회 간사들의 협의에 의해 정해진다. 국회는 국정감사 결과 정부나 공공기관에서 시정해야 할 사항을 요구할 수 있다. 해당 기관은 지체 없이 이행 후 국회에 결과를 보고해야 한다.

국정조사는 비정기적으로 특정 사안에 대해 실시된다. 재적의원 4분의 1 이상의 요구가 있을 때 특별위원회 또는 상임위원회에서 진행한다. 특별위원회는 교섭단체 의원수의 비율에 따라 구성한다. 국정감사와 마찬가지로 자료제출 및 증인·감정인·참고인 출석 요구 권한을 갖는다. 국정조사 장소는 국회나 감사·조사 대상 현장 등에서 열 수 있으며, 공개가 원칙이나 위원회 의결로 비공개로 할 수 있다. 국회는 조사 결과에 대해 본회의 의결을 거치며, 위법하거나 부당한 사항이 있는 경우 시정요구를 한다. 실제 2022년 11월 24일부터 2023년 1월 17일까지 용산 이태원 참사 진상규명과 재발방지를 위한 국정조사가 시행됐다.

국정감사 : 매년 9월 중순이나 10월 초순경
국정조사 : 재적의원 $\frac{1}{4}$ 이상의 요구가 있을 시

특별검사제도는 검찰 수사의 공정성을 기대할 수 없을 때 국회가 의결을 통해 시행할 수 있는 제도다. 국회는 2014년 특별검사의 임명 등에 관한 법률 이른바 '상설 특검법'을 만들었다. 해당 법률에 따르면 특별검사의 수사가 결정되면 대통령은 특별검사후보추천위원회에 지체 없이 2명의 특별검사 후보자를 추천해야 한다. 특별검사후보추천위원회는 의뢰를 받은 날부터 5일 내에 15년 이상 판사·검사·변호사의 직에 있던 변호사 중에서 재적위원의 과반수 찬성을 받은 2명의 후보자를 서면으로 대통령에게 제출한다. 대통령은 추천을 받은 날부터 3일 내에 추천된 후보자 중에서 1명을 특별검사로 임명해야 한다.

특별검사 수사는 최장 110일 동안 가능하다. 특별검사는 임명된 날부터 20일 동안 수사에 필요한 시설의 확보, 특별검사보의 임명 요청 등 직무수행에 필요한 준비를 할 수 있다. 준비기간이 만료된 날의 다음 날부터 60일 이내에 담당사건에 대한 수사를 완료하고 공소제기 여부를 결정해야 한다. 특별검사가 기간 내에 수사를 완료하지 못하거나 공소제기 여부를 결정하기 어려운 경우에는 대통령에게 그 사유를 보고하고 대통령의 승인을 받아 수사기간을 한 차례만 30일까지 연장할 수 있다.

상설특검법이 존재하지만 국회에서는 별도의 특검법을 제정이 오히려 더 일반적이다. 그 이유는 상설특검법상 특별검사후보추천위원회는 법무부 차관, 법원행정처 차장, 대한변협회장, 여야 추천 인사 4인 등 7인으로 구성하도록 돼있기 때문이다. 여기서 재적위원 과반의 찬성으

로 2인의 후보자를 추천하고 대통령이 임명하는 방식인데, 집권여당에 가까운 인사가 선택될 가능성이 높다. 야당에서는 당연히 공정성·중립성을 문제 삼을 수밖에 없다. 그래서 통상 개별특검법에는 야당 추천, 수사상황 생중계 등 조항이 포함돼왔다. 최순실 국정농단 의혹 특검과 드루킹 댓글조작 특검에서는 당시 집권여당이었던 새누리당과 민주당의 추천권이 각각 배제된 바 있다.

역대 특별검사 수사의 결과를 살펴보면 최순실 국정농단 사건을 제외하고는 뚜렷한 성과가 없었다는 평가가 나온다. 현재까지 진행된 특별검사 수사는 조폐공사 파업 유도 특검(1999년), 옷로비 특검(1999년), 이용호 게이트 특검(2001년), 대북송금 특검(2003년), 노무현 대통령 측근 비리 의혹 사건(2004년), 러시아 유전 개발사업 특검(2005년), 삼성비자금 특검(2008년), BBK 특검(2008년), 스폰서 검사 특검(2010년), 디도스 특검(2012년), 내곡동 사저 특검(2012년), 최순실 국정농단 의혹 특검(2016년), 드루킹 댓글조작 특검(2018년), 공군 부사관 성추행 사망 특검(2022년) 등이 있다. 2001년, 2003년, 2010년을 제외하고는 단독범행이거나 혐의 없음으로 종결됐다. 2023년 12월에는 국회에서 김건희 여사의 도이치모터스 주가조작 의혹과 대장동 개발사업 50억 클럽 뇌물 의혹을 각각 수사할 특별검사 임명을 위한 법안이 통과됐으나 윤석열 대통령이 거부권을 행사했다.

<특별검사제도>

검찰 수사 공정성 기대할 수 없을 때 국회 의결로 시행

상설특검법보다 개별특검법 제정 → 공정성·객관성↑

일반적으로 야당 추천·수사상황 생중계 등 포함

12

인사청문회·해임건의안·탄핵소추권

인사청문회는 대통령이 임명한 고위공직자에 대한 국회의 견제장치다. 2000년 6월 대법원장, 헌법재판소장, 국무총리, 감사원장, 대법관, 국회에서 선출하는 헌법재판소 재판관과 중앙선거관리위원을 대상으로 처음 도입됐다. 2003년 2월에는 국가정보원장, 국세청장, 검찰총장, 경찰청장으로 확대됐다. 2005년 7월에는 국무위원, 대통령·대법원장이 지명하는 헌법재판소 재판관과 중앙선거관리위원이 포함됐다. 당시 야당이었던 박근혜 한나라당 대표가 인사청문회 대상 확대를 추진했고, 여당인 열린우리당은 대통령의 인사권 제약이라고 반대했다. 그러자 노무현 대통령이 "마 해줘라. 우리도 좀 불편하겠지만 혹시라도 저거들 정권 잡으면 난리 날기다. 사람 빌려달라고 할지도 모른데이."라고 말했다는 일화가 전해진다.

대법원장, 헌법재판소장, 국무총리, 감사원장, 대법관과 국회에서 선출하는 헌법재판소 재판관과 중앙선거관리위원은 인사청문회 이후 20일 이내에 본회의 표결로 처리한다. 국무위원, 국가정보원장, 검찰총장, 국세청장, 경찰청장 등은 국회에서 적격·부적격 의견을 담은 경과보고서를 채택하지만 대통령이 따를 의무는 없다. 이 때문에 야당의 반대에도 불구하고 대통령의 임명 강행이 관행처럼 굳어지고, 국회에서 여야 간 정쟁만 더 부추기고 있다는 지적이 나온다. 인사청문회 무용론이 대두되는 이유다.

국회는 국무총리와 국무위원의 해임을 대통령에게 건의할 수 있다. 해임건의안은 재적의원 3분의 1 이상의 발의가 필요하다. 본회의에 보고로부터 24시간 이후 72시간 이내에 무기명투표로 진행한다. 해당 시간 내에 표결이 이뤄지지 않으면 폐기로 간주한다. 해임건의안이 통과되려면 재적의원 과반수 찬성이 요구된다. 해임건의안은 법적 구속력이 없고, 정치적인 의미가 강하다. 일반적으로 국회에서 해임건의안이 가결되면 대통령이 수용해 왔는데 박근혜·윤석열 정부에서는 거부가 이뤄졌다.

인사청문회 : 대통령이 임명한 고위공직자 견제장치
해임건의안 : 재적의원 $\frac{1}{3}$ 이상 발의, 72시간 내 무기명투표

탄핵소추권은 고위공직자가 직무상 헌법이나 법률을 위배한 경우 국회에서 파면하는 제도이다. 탄핵 대상은 대통령, 국무총리, 국무위원, 헌법재판소 재판관, 법관, 중앙선거관리위원, 감사원장, 감사위원, 기타 법률이 정한 공무원이다. 대통령의 경우 재적의원 과반수 발의와 재적의원 3분의 2 이상의 찬성이 필요하다. 나머지는 재적의원 3분의 1 이상의 발의와 재적의원 과반수의 찬성으로 가능하다. 탄핵소추의 대상자는 탄핵결정이 있을 때까지 권한행사가 정지된다. 헌법재판소의 탄핵심판이 이뤄지며, 탄핵 결정은 6인 이상의 찬성이 있어야 한다.

국회의 대통령 탄핵 가결은 두 차례 있었다. 2004년 3월 새천년민주당·한나라당·자유민주연합은 노무현 대통령에 대해 선거법 위반, 부정부패, 경제·국정파탄을 이유로 탄핵소추안을 발의했다. 본회의에서는 195표 중 찬성 193표, 반대 2표로 가결됐으나 민심이 야당으로부터 돌아섰다. 4월에는 17대 총선에서 열린우리당은 152석을 차지했고, 5월에는 헌법재판소가 기각 결정을 내리면서 대통령이 직무에 복귀했다. 2016년 12월 더불어민주당·국민의당·정의당은 박근혜 대통령에 대해 뇌물죄, 직권남용·권리행사방해죄, 강요죄, 공무상비밀누설죄 등을 적시해 탄핵소추안을 발의했다. 투표에는 299명이 참석했고 찬성 234표, 반대 56표, 기권 2표, 무효 7표로 통과됐다. 이는 최순실의 국정농단 의혹이 언론에 보도된 후 국민 여론의 압박이 거셌기 때문이다. 2017년 3월 헌법재판소는 재판관 8명의 전원일치 의견으로 파면 결정을 내렸다. 박

근혜 대통령은 처음으로 임기 중 탄핵된 대통령이 됐다.

현직 장관에 대한 탄핵소추안은 2023년 2월 처음으로 가결됐다. 더불어민주당·정의당·기본소득당이 이상민 행정안전부 장관에 대해 이태원 압사 사고에 대한 책임을 묻기 위해 공동발의했다. 총 293표 중 찬성 179표, 반대 109표, 무효 5표로 가결됐다. 2023년 7월 헌법재판소는 재판관 9명의 전원일치 의견으로 국회의 탄핵심판 청구를 기각했다. 행정안전부장관이 사회재난과 인명 피해의 책임에서 자유로울 수 없지만 헌법과 법률의 관점에서 재난안전법과 국가공무원법을 위반해 국민을 보호해야 할 헌법상 의무를 다하지 못했다고 보기 어렵다고 밝혔다.

법관과 검사 탄핵도 잇달아 진행되고 있다. 2018년 양승태 사법농단 의혹에 관여한 법관을 탄핵해야 한다는 주장이 제기됐고, 2021년 2월 더불어민주당·정의당·열린민주당·기본소득당은 임성근 부산고등법원 부장판사가 국민주권주의와 적법절차 원칙 등 조항을 위반했다며 탄핵소추안을 가결시켰다. 당시 재석 의원 288명 가운데 찬성 179표, 반대 102표, 기권 3표, 무효 4표로 통과됐다. 2021년 10월 헌법재판소는 재판관 5대 3의 의견으로 각하 결정을 내렸는데, 임기만료로 퇴직했기 때문에 파면 결정을 할 수 없다는 것이 이유였다. 2023년 9월 더불어민주당은 헌정사상 최초로 현직 검사를 탄핵했다. 안동완 차장검사가 서울시 공무원 간첩 조작 사건이 밝혀지자 뒤늦게 유우성씨를 외국환거래법 위반 혐의로 보복 기소했다는 혐의다. 대법원은 2021년 10월 과거 기소유예 처분한 사건을 다시 기소한 건 공소권 남용에 해당한다며 공소를 기각했다. 해당 탄핵소추안은 총 287표 중 찬성 180표, 반대 105표, 무효 2표로 가결됐다. 2023년 12월 헌정사상 두 번째로 손준성 검사장과 이정섭 차장검사에 대한 탄핵이 국회에서 의결됐다. 손 검사장은 2020년 총선을 앞두고 대검찰청 수사정보정책관 시절 범여권 인사들에 대한 고발을 사주했다는 의혹을, 이 차장검사는 자녀 위장전입 의혹과 공무상 비밀누설 혐의 등을 받고 있다.

<탄핵>

직무상 헌법·법률을 위배한 경우 국회에서 파면하는 제도

소추대상 : 대통령, 국무총리, 국무위원, 헌법재판소 재판관, 법관, 중앙선거관리위원, 감사원장, 감사위원 등

대통령은 재적의원 과반수 발의, 재적의원 $\frac{2}{3}$ 이상 찬성 필요

나머지는 재적의원 $\frac{1}{3}$ 이상의 발의와 재적의원 과반수 찬성

13

국회선진화법

권위주의 정부 시절 국회는 한낱 거수기에 지나지 않았다. 항상 여당은 원내 과반 의석을 차지했고, 수적 우위를 앞세워 대통령의 의지대로 법안을 만들고 처리했다. 야당은 의원직 사퇴, 등원거부, 장외투쟁 등 국회 밖에서 투쟁하는 수밖에 없었다. 민주화 이후에도 상황은 크게 달라

지지 않았다. 여당이 과반을 차지할 경우 군사작전을 방불케 하는 이른바 '날치기'가 빈번하게 일어났다. 야당은 국회의장석 점거, 단식투쟁, 장외투쟁 등 물리력 행사에 나섰다.

국회선진화법 이전 폭력국회는 사실상 일상적인 의정활동이었다. 대표적으로 노무현 대통령 탄핵 소추, 사학법 개정안, 한미 자유무역협정(FTA), 미디어법, 금산분리완화법 처리 때 대규모 몸싸움과 공성전이 벌어졌다. 2004년 3월에는 소수여당인 열린우리당이 탄핵을 막기 위해 의장석을 점거했다. 새벽 3시 50분 야당이 기습했으나 여당의 항전으로 잠시 휴전 상황이 벌어졌다. 11시 4분 국회의장과 야당은 경호대를 동원해 20분도 안 돼 의장석을 탈환됐다. 2011년 11월에는 한미 자유무역협정(FTA)이 비준되자 김선동 민주노동당 의원이 "억지로라도 농민의 눈물을 흘려 보라"고 소리치며 본회의장에서 최루탄을 터뜨렸다.

국회선진화법은 다수당의 일방적인 법안 처리를 막는 제도를 대거 도입한 것으로, 2012년 5월 만들어진 국회법 개정안의 별칭이다. 당시 19대 총선을 앞두고 여당인 새누리당이 과반 의석 확보가 어렵다고 판단하고 총선 공약으로 내걸었다. 원내 2당이 되면 직권상정을 통한 법안 처리를 막아내겠다는 심산이었다. 그러나 선거 결과 새누리당은 152석을 얻었고, 자신들의 발목을 스스로 잡은 꼴이 됐다.

주요 내용은 국회의장 직권상정 요건 강화, 국회 폭력 방지, 패스트트랙(안건신속처리제), 안건조정위원회, 필리버스터(무제한토론), 법사위 신속 처리, 의안 자동 상정 등이 있다. 국회의장의 과거와 달리 직권상정은 사실상 원천 봉쇄됐다. 천재지변, 전시·사변, 국가비상상태, 각 교섭단체대표와 합의한 경우로 제한된다. 국회 폭력 방지를 위해서는 의장석·상임위원장석 점거 금지, 회의장 출입 방해 금지, 회의 진행에 방해가 되는 물건 반입 금지 등이 명시됐다. 국회 회의를 방해할 목적으로 폭력행위를 한 사람을 5년 이하의 징역 또는 1000만 원 이하의 벌금에 처한다. 이로써 500만 원 이상의 벌금형의 확정되면 피선거권과 의원직은 상실된다.

<국회선진화법>
다수당의 일방적인 법안 처리 막는 제도
직권상정 요건 : 천재지변, 전시·사변, 국가비상상태 등 제한
폭력 방지 : 의장석·상임위원장석 점거, 회의장 출입 방해 금지

패스트트랙은 국회의장의 직권상정 제한을 보완하는 취지이다. 신속하게 처리돼야 할 필요가 있을 때 전체 또는 상임위원회 재적의원 5분의 3 이상이 찬성으로 지정이 가능하다. 해당 법안에 대해 상임위원회는 180일, 법제사법위원회는 90일 이내에 심사를 마쳐야 하며, 본회의에 60일 이내에 상정돼야 한다. 최장 330일을 넘길 경우 상임위원회의 심의·의결을 거치지 않아도 본회의에 자동 상정된다. 상임위원회에서는 안건조정제도를 통해 심사 기간을 90일까지 줄일 수 있고, 국회의장 재량으로 부의 기간을 생략하면 180일 이내에도 가능하다. 안건조정위원회는 상임위원회 재적의원 3분의 1 이상이 구성을 요구하면 여야 동수로 위원회를 구성해 최장 90일간 논의할 수 있다. 조정안 의결은 6명 중 4명 이상의 찬성이 필요하다. 안건조정위원회는 협상과 조정을 위해 도입됐으나 다수당의 날치기, 소수당의 발목 잡기로 변질됐다는 지적이 나온다.

패스트트랙은 '동물국회'를 부활시켰다. 20대 국회에서 여야 4당(민

주당·바른미래당·민주평화당·정의당)은 선거제 개편, 고위공직자비리수사처 설치 및 검경수사권 조정 법안을 패스트트랙으로 지정했다. 야당인 자유한국당은 의원 전원이 철야 농성에 나서며 강경 투쟁을 벌였다. 특히 자유한국당은 정치개혁특별위원회, 사법개혁특별위원회, 운영위원회, 의안과·의사과, 채이배 바른미래당 의원실을 점거했다. 당시 회의와 가결을 막기 위해 의원, 당직자, 보좌관들이 총동원됐고 국회 곳곳에서 몸싸움이 벌어졌다. 유인태 국회 사무총장은 문희상 국회의장의 재가를 받아 33년 만에 경호권을 발동했고, 패스트트랙 지정이 완료되면서 닷새 만에 해제됐다.

필리버스터는 합법적 의사진행 방해로, 장시간의 발언을 통해 표결을 지연·불발시키는 행위이다. 재적의원 3분의 1 이상의 요구서를 국회의장에게 제출해야 하고, 의원 1명당 한 차례만 토론할 수 있다. 토론자로 나설 의원이 더 이상 없을 경우 종결되고, 24시간이 지난 후부터는 재적의원 5분의 3 이상의 찬성으로 멈출 수 있다. 필리버스터 도중 해당 회기가 종료되면 법안은 자동으로 다음 회기 첫 본회의 표결에 부쳐진다.

1964년 국회에서 필리버스터가 처음 진행됐다. 당시 초선의원이었던 김대중 대통령은 김준연 자유민주당 의원의 구속동의안이 본회의에 상정되자 5시간 19분 동안 발언을 이어가며 안건 처리를 무산시켰다. 1973년 국회의원의 발언시간은 최대 45분으로 제한되는 법안이 통과됐고, 2012년 필리버스터가 다시 제도화됐다. 2016년에는 테러방지법 통과 저지를 위한 필리버스터가 192시간 넘게 진행됐다. 이종걸 더불어민주당 원내대표가 총 12시간 31분이라는 기록을 세웠다. 2020년에는 윤희숙 국민의힘 의원이 총 12시간 47분 동안 국가정보원법 개정 등에 반대하는 연설을 하면서 최장 기록을 갈아치웠다.

패스트트랙 : 상임위원회 180일 → 법사위 90일 → 본회의 60일 이내 상정
필리버스터 : 합법적 의사진행 방해, 재적의원 $\frac{1}{3}$ 이상 요구 시

법제사법위원회에서는 정당한 이유 없이 법안 심의를 지연시킬 수 없다. 만약 체계·자구 심사를 위해 회부된 법안을 60일 이내에 심사하지 않으면 소관 상임위원장과 간사가 협의해 국회의장에서 본회의 부의를 요구할 수 있다. 단 이견이 있는 경우 상임위원회 재적 위원 5분의 3 이상의 찬성이 필요하다. 의안 자동 상정은 쟁점법안 상정을 저지하는 것을 막기 위해 도입됐다. 상임위원회에 회부된 후 상정되지 않은 법안은 숙려기간이 지난 후 30일 경과하면 첫 회의에 상정된 것으로 간주한다. 숙려기간은 일부 개정안 15일, 제정안·전부개정안·폐지안 20일, 법제사법위원회 체계자구심사 5일, 법안 외의 의안 20일이다.

14

대통령·국회의원·지방선거

대한민국 선거에는 대통령선거(대선), 국회의원선거(총선), 전국동시 지방선거(지선)가 있다. 대선은 5년마다 국민들의 직접선거로 치러진다. 선거는 대통령 퇴임 전 70일부터 첫 번째로 돌아오는 수요일에 시행한다. 1988년 직선제개헌 이후 12월 16~22일 사이에 진행됐으나 박근혜 대통령 탄핵으로 앞당겨졌다. 19대 대선은 2017년 5월 9일, 20대 대선은 3월 9일에 실시됐다. 21대 대선은 2027년 3월 3일로 예정돼 있다. 대통령 취임일 역시 12~18대 대통령까지는 2월 25일에 취임했으나 5월 10일로 변경됐다.

대통령은 국내에 5년 이상 거주하고 있는 만 40세 이상이면 출마가 가능하다. 대통령 후보자가 정당에 속해 있을 경우 당헌·당규상 선출 방식을 따른다. 무소속일 경우 5개 이상의 시·도에서 3,500명 이상 6,000명 이하 추천을 받으면 가능하다. 선거 기탁금은 3억 원이다. 후보자가 당선되거나 15% 이상 득표하면 전액을, 10~15% 사이인 경우 절반을 돌려받는다. 후보자가 사망한 경우에도 전액 반환되며, 이밖에 반환하지 않은 기탁금은 국가에 귀속된다.

후보자 기호는 국회 의석수가 많은 정당 순서대로 부여된다. 원외정당은 가나다순으로, 무소속은 무작위 추첨을 통해 숫자를 부여한다. 대통령 당선은 최고 득표자로 결정되며, 2인 이상인 때에는 국회의 재적의원 과반수가 출석한 공개회의에서 다수표를 얻은 자가 된다. 대통령 후보자가 1인일 때에는 득표수가 선거권자 총수의 3분의 1 이상이어야 한다.

총선은 4년마다 시행되며, 지역구 의원 253명과 비례대표 의원 47명을 선출한다. 선거는 국회의원 임기 만료일 전 50일 이후 첫 번째 수요일에 치러진다. 제22대 국회의원 선거는 2024년 4월 10일 실시된다. 국회의원 후보 등록은 만 18세 이상의 국민이면 가능하다. 단 정당이나 300인 이상 500인 이하의 추천이 필요하다. 기탁금은 지역구 의원은 1,500만 원, 비례대표 의원은 500만 원이다. 29세 이하이거나 장애인은 기탁금의 50%, 30세 이상 39세 이하는 70%를 납부하면 된다.

지역구 의원은 한 선거구에 한 명의 의원을 뽑는 소선거구제가, 비례대표 의원은 전국이 하나의 선거구인 정당명부식 비례대표제가 적용된다. 1963년 비례대표제가 처음 시행됐고, 전체 의석의 4분의 1인 44명이 배정됐다. 1973년 선거에서는 폐지됐다가 1981년 다시 도입됐다. 이때까지는 지역구 후보의 득표수에 따라 정당별로 전국구 의원을 배분했다. 그러나 2001년 헌법재판소에서 위헌 결정이 내려졌고, 1인 2표 정당명부 제도가 실시됐다. 단 비례대표 의석은 지역구에서 5석 이상을 얻었거나 3% 이상 득표한 정당에만 할당된다.

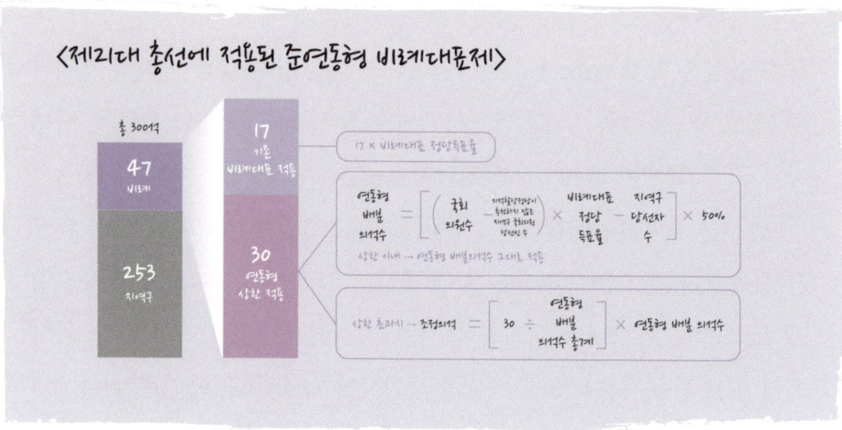

2020년 21대 국회의원 선거부터는 준연동형 비례대표제가 적용됐다. 당시 더불어민주당·바른미래당·민주평화당·정의당은 제1야당인 자유한국당의 반대에도 불구하고 선거법을 강행처리했다. 원래 연동형 비례대표제은 정당 득표율보다 지역구 의석수가 적은 정당에 비례대표를 보충해 주는 방식이다. 그러나 우리나라에서는 정당 간 타협의 산물로 비례대표 47석 중 30석에 대해 연동률 50%를 적용하는 준연동형 비례대표제가 탄생했다. 산출식은 (의석할당정당 총의석수×정당별 득표비율-지역구 당선자수)÷2로 상당히 복잡하다. 만약 해당 산식에 따른 의석수가 30석을 초과하면 각각의 득표 비율을 계산해 할당 의석수를 재조정한다. 잔여의석이 발생하면 득표 비율에 따라 분배한다.

예를 들어 정당 득표율 20%, 지역구 당선자 10명을 얻었다고 가정해보자. 해당 정당은 300석 중 20%인 60석에서 10석을 제외한 50석 중 절반인 25석을 보장받아야 한다. 그러나 여기서 연동형은 30석으로 제한돼 있기 때문에 추가 조정이 이뤄진다. 과거의 방식보다 득표수와 의석수를 조금이라도 더 비례하게 만들 수 있고, 다양한 소수정당의 원내

진입이 더 쉬워졌다는 장점이 있다. 그러나 지난 총선에서 거대양당은 더불어시민당·미래한국당이라는 별도의 위성정당을 만들어 선거제의 취지를 완전히 무력화시켰다. 위성정당은 선거 후 양당에 통합됐고, 소수정당의 의석 점유율은 더 낮아졌다.

일각에서는 준연동형 비례대표제의 산식을 유권자들이 이해하기 어렵다는 비판이 제기된다. 실제 선거법 제정 당시 정치개혁특별위원장이었던 심상정 정의당 의원이 "국민은 산식을 알 필요 없다"고 발언해 논란이 일기도 했다. 하지만 각국마다 비례대표제 배분 방식에는 차이가 있으며, 단순히 산식이 복잡하다고 비민주적이라고 말할 수는 없다.

2024년 제22대 국회의원 선거를 앞두고 국민의힘은 병립형 선거제도 회귀를 주장하면서 한편으로는 위성정당 창당을 준비해왔다. 병립형 선거제도는 20대 국회 때까지 적용됐던 제도로, 지역구 투표와 정당 투표의 결과를 단순 합산하는 방식이다. 민주당은 장고 끝에 준연동형비례대표제 유지와 위성정당 창당 방침을 밝혔다. 다만 지난 총선과 달리 비례대표 47석 모두에 연동형이 적용된다. 이재명 민주당 대표는 "안타깝지만 여당의 위성정당을 막을 방법은 전혀 없다. 거대양당 한쪽이 위성정당을 만들면 패배를 각오하지 않는 한 다른 쪽도 맞대응할 수밖에 없다. 칼을 들고 덤비는데 맨주먹으로 상대할 수는 없다"는 명분을 내세웠다. 결국 이번에도 국회에서는 거대 양당 체제가 재연될 가능성이 높다.

지선에서는 4년마다 광역단체장, 광역의원, 기초단체장, 기초의원, 교육감을 선출한다. 유권자는 비례대표 광역·기초의원 투표까지 총 7장의 선거용지를 받게 된다. 1995년 지방자치단체장의 직선제가 도입됐다. 2010년에는 교육감과 교육의원을 선거가 실시됐고, 2014년에는 교육감 선거만 남게 됐다. 지방의회의원, 지방자치단체장, 교육감의 임기

만료일 전 30일부터 첫 번째로 돌아오는 수요일 선거를 한다. 제9회 전국동시지방선거는 2026년 6월 3일 진행된다.

후보 등록은 만 18세 이상의 국민이면 가능하다. 정당의 공천을 받거나 무소속인 경우 시도지사는 1,000명 이상 2,000명 이하, 지역구시도의원 100명 이상 200명 이하, 지역구자치구시군의원 50인 이상 100인 이하의 추천이 있어야 한다. 기탁금은 시도지사는 5,000만 원, 자치구시군의 장은 1,000만 원, 시도의회의원은 300만 원, 자치구시군의원은 200만 원이다. 청년이나 장애인의 기탁금은 총선과 마찬가지로 비율로 경감된다. 비례대표 광역·기초의원의 경우 5% 이상 득표한 정당에만 배분된다.

대통령 선거 : 5년마다 시행, 만 40세 이상 출마 가능
총선·지선 : 4년마다 시행, 만 18세 이상 출마 가능
후보자 기호 : 국회 의석수 많은 정당 순서
기탁금 : 득표율 15% 이상 전액, 10~15% 절반 반환

사전투표는 2013년 상반기 재·보궐선거에서 처음 실시됐고, 2014년 6·4 지선에서 전국단위로 적용됐다. 선거 당일 투표를 할 수 없는 사람이 별도의 신고 없이 전국 어디서든 투표할 수 있는 제도이다. 사전투표 기간은 선거일 전 5일부터 2일간이다. 기존 부재자투표는 사전 신고가 필요했고, 투표소는 시·군·구마다 설치됐다. 이러한 불편함을 개선하고 투표율을 높이기 위해 사전투표가 도입됐다.

현재 선거에 참여할 수 있는 연령은 만 18세 이상이다. 최초의 선거

권은 1948년 21세였다. 1960년 민법상 성인인 만 20세로 낮춰졌고, 2005년 만 19세로 하향됐다. 2019년 만 18세로 낮아진 뒤로 그대로 유지되고 있다. 해외 사례를 살펴보면 오스트리아·브라질 등은 만 16세, 인도네시아·북한 등은 만 17세, 미국·독일·영국·프랑스·일본 등은 만 18세, 카메룬·대만 등은 만 20세, 말레이시아·싱가포르 등은 만 21세이다.

15

다수제

선거제도는 득표수를 의석수로 전환하는 규칙으로, 정당체제·투표방식·사회체제 등에 막대한 영향을 끼친다. 각국마다 정치·사회·문화·역사적 배경에 따라 수많은 방식이 존재하지만 공통된 원칙이 있다. 일반적으로 한 나라에서 하나 또는 여러 개의 선거구로 나눠 대표를 선출한다. 1개의 선거구에서 1인의 대표를 선출하면 소선거구제, 2~3인을 선출하면 중선거구제, 4인 이상을 선출하면 대선거구제라고 부른다.

이론적으로 소선거구제는 양당제, 중대선거구제는 다당제의 결과로 이어지지만 현실은 그대로 작동하지 않는다. 2022년 전국동시지방선거에서 전체 기초의원 지역구 1,030개 중 487개가 3인 이상 선거구였다. 하지만 전체 기초의원 당선자 2,601명 중 양당 소속이 93.6%에 달했다. 이는 중대선거구제와 복수공천 제도가 공존하면서 양당의 나눠 먹기식 후보등록이 이뤄지고 있기 때문이다.

선거제도는 다수제, 비례대표제, 혼합형 선거제도 등 세 가지 방식이 있다. 단순다수제는 1개의 선거구에서 단 1표라도 더 얻는 사람이 당선되는 제도이다. 반드시 과반을 차지해야 하는 것이 아니다. 투표 절차가 가장 간단하고, 유권자들의 후보와 공약을 파악하기 쉬워 투표 참여도가 높다. 실제 제21대 총선 인천 동구미추홀을에서는 윤상현 무소속 후보(4만 6,493표 · 40.5%)와 남영희 더불어민주당 후보(4만 6,322표 · 40.4%)로 171표(0.1% 포인트) 차이로 당락이 갈렸다. 일반적으로 전국적으로 양당이 경쟁하는 구도가 나타나며, 미국 · 영국 · 캐나다 등에서 채택하고 있다. 하나의 정당이 집권해 안정적인 집권을 하고, 선거를 통해 명확한 정치적 책임을 묻기에 좋다.

단순다수제는 득표수와 의석수가 비례하지 않는다는 치명적인 단점이 있다. 전체 선거구에서 득표수가 가장 많아도 의석수는 다를 수 있다. 제21대 총선 지역구 득표수는 더불어민주당 1,434만 5,425표(49.9%), 미래통합당 1,191만 5,277표(41.4%), 정의당 48만 7,519표(1.6%)였다. 그러나 의석수는 더불어민주당 163석(64.4%), 미래통합당 84석(33.2%), 정의당 1석(0.3%)으로 큰 격차가 났다. 유권자들은 지역구에서 가장 선호하는 후보가 당선될 수 없다고 판단되면 차선의 후보에게 전략적 투표를 한다. 이러한 사표 방지 심리 효과의 작용으로, 전국적으로 고른 지지를 받는 소수정당은 매우 불리한 위치에 놓인다.

소선거구제 1명, 중선거구제 2~3명, 대선거구제 4명 이상 선출
단순다수제 : 1개의 선거구, 1표라도 더 얻는 사람 당선

절대 다수제는 결선투표제와 대안투표제가 있다. 선거에서 어떤 후보라도 다수의 지지가 확인되지 않으면 대표로 선출될 수 없다. 대안투표제는 유권자가 지역구에 출마한 후보 전원의 선호 순위를 투표하는 제도로 호주 하원의원, 아일랜드 대통령 선거에서 사용되고 있다. 해당 제도는 1순위 표기 득표에서 과반인 후보가 있으면 그 사람이 당선된다. 그러나 과반수 득표자가 없을 경우 가장 적은 표를 얻은 후보를 제외하고, 2순위 표를 나머지 후보에게 배분해 과반 득표자가 나올 때까지 반복한다. 유권자들의 선호를 더 많이 반영하고 사표를 줄일 수 있다는 장점이 있다. 하지만 선거제도 자체를 이해하기 쉽지 않고, 많은 시간과 비용이 든다는 단점이 있다.

결선투표제는 1차 투표에서 과반수 이상 득표한 후보가 없는 경우 1위와 2위 후보자만을 대상으로 2차 투표를 진행한다. 프랑스, 오스트리아, 핀란드 등 많은 국가에서 적용되고 있다. 당선자가 반드시 50% 이상 득표하므로 사표를 억제하는 기능을 갖고 있고, 사회 일부에서 지지하는 급진적 후보가 당선될 가능성이 낮아진다. 2022년 프랑스 대통령 1차 선거에서는 에마뉘엘 마크롱 앙마르슈 후보(중도) 27.84%, 마린 르펜 국민연합 후보(극우) 23.15%, 장뤼크 멜랑숑 불복하는프랑스 후보(극좌) 21.95% 등 과반 득표자가 없었다. 2차 투표에서는 에마뉘엘 마크롱 후보(58.54%)가 마린 르펜 후보(41.46%)를 제치고 당선됐다.

대안투표제 : 유권자가 후보 전원에 대한 선호 순위 표기
결선투표제 : 과반수 이상 득표 없는 경우 1·2위만 2차 투표

16

비례대표제

비례대표제는 득표율에 비례해 의석수를 배분하는 제도이다. 한 정당이 선거에서 10%의 득표수를 획득했다면 의회에서 의석을 10% 가져가는 방식이다. 그러나 실제로는 완벽하게 비례적이지는 않다. 과도한 군소정당 난립을 막기 위해 일정 비율 이상 득표하지 못한 정당에게는 의석을 배분하지 않는 봉쇄조항 때문이다. 대표적으로 튀르키예는 10%, 독일·체코·폴란드는 5%, 헝가리·노르웨이·스웨덴는 4% 덴마크는 2%를 넘겨야 의석이 배분된다.

비례대표제를 채택할 경우 유권자들이 의회 구성을 선택한다고 볼 수 있다. 하나의 정당이 의회 내 과반 의석 차지가 어렵기 때문에 연립정부의 구성이 일상적으로 이뤄진다. 일반적으로 선거구 수에 따라 전국단위 비례대표제와 권역별 비례대표제로 나뉜다. 전국단위 비례대표제는 전국을 하나의 선거구로 보고, 득표율에 따라 의석을 배정한다. 반면 권역별 비례대표제는 전국을 여러 개의 권역으로 나눈 후 인구수에 따라 지역별로 의석수를 배정한 뒤, 그 의석을 득표율에 따라 배분한다. 지역주의 완화를 위해 권역별 비례대표제를 도입하자는 주장이 있지만 득표율과 의석수의 왜곡이 발생한다는 비판을 받는다.

정당명부식 비례대표제는 정당이 후보자 명부를 유권자에게 제시하고 의원을 선출하는 제도이다. 개방형은 유권자들의 투표에 당선 순번이 결정된다. 스웨덴, 핀란드, 네덜란드 등이 채택하고 있으며 투표용지에 정당과 비례대표 후보 명단이 나열돼 있어 선택이 가능하다. 폐쇄형은 정당이 선거 전에 당선 순번을 정하는 방식으로 대한민국, 일본, 독일 등에서 사용되고 있다. 선거 당시의 당 지도부의 영향력이 크게 작용하고 공천 장사, 비민주적 의사결정 등 심각한 폐해가 발생하기도 한다.

단기이양제식 선거제도는 유권자가 후보자에 대한 선호 순위를 정할 수 있는데 호주, 몰타에서 채택하고 있다. 당선자 선출방식은 첫 번째 선호만 계산해 기준득표수를 초과하면 당선이 확정된다. 기준득표수는 해당 선거구의 총 유효투표수를 '당선자 수+1'로 나눈 값의 다음 자연수다. 예를 들어 어떤 지역의 당선자 수가 2명일 경우 '총 유효투표수의 3분의 1 + 1표'가 된다. 여기서 잉여득표는 두 번째 선호 후보자에게 이양된다. 이 과정을 의석수만큼 당선자가 나올 때까지 반복한다. 만약 어떤 후보도 기준득표수를 넘기지 못했을 경우 최하위 후보를 탈락시키고, 차순위 선호 후보자에게 표를 할당한다.

봉쇄조항 : 일정 비율 이상 득표하지 못할 경우 의석 배분x
선거구 수 : 전국단위 비례대표제, 권역별 비례대표제
정당명부식 : 정당이 후보자 명부 유권자에 제시 후 선출
단기이양제식 : 유권자가 후보자에 대한 선호 순위 표기

비례대표제의 의석 배분 방법은 최대잉여방식, 최고평균방식이 있다. 최대잉여방식은 총투표수를 전체 의석수로 나눠 의석 1개당 기준득표수를 계산한다. 1차적으로 각 정당마다 해당 정당의 득표수를 기준득표수로 나눈 몫의 정수 부분만큼 배분받는다. 2차적으로 소수 부분이 큰 정당부터 1석씩 할당된다. 대한민국, 스위스 등 다수의 국가에서 사용하고 제도이다. 예를 들어 비례대표 의석수가 10석이고 A당의 득표수가 27만 표(45%), B당이 17만 표(28.3%), C당이 10만 표(16.6%), D당이 6만 표(10%)라고 가정해 보자. 의석 1개당 기준득표수는 6만 표이다. 1차적으로 정당 득표수를 기준득표수로 나누면 A당 4.5, B당 2.8, C당 1.6, D당 1.0이 된다. 각 몫의 정수 부분을 더하면 8석이 되고, 잔여 의석은 2석이다. 2차적으로 2석은 소수 부분이 큰 B, C당이 갖는다. 결과적으로 A당은 4석, B당은 3석, C당은 2석, D당은 1석에 배분된다.

최고평균방식은 각 정당의 득표수를 순차적으로 커지는 제수로 나눠 얻은 몫이 큰 순서대로 의석을 배분한다. 동트식은 일본에서 채택하고 있는 방식으로 1, 2, 3, 4 등 순서의 제수를 쓴다. 의석수를 10석이고 A당의 득표수가 27만 표(45%), B당이 17만 표(28.3%), C당이 10만 표(16.6%), D당이 6만 표(10%)인 상황을 계산해 보자. 제수 1로 나누면 A당 27만, B당 17만, C당 10만, D당 6만이다. 제수 2로 나누면 A당은 13만

5000, B당은 8만5000, C당은 5만, D당은 3만이다. 제수 3으로 나누면 A당은 9만, B당은 5만6666, C당은 3만3333, D당은 2만이다. 제수 4로 나누면 A당은 6만7500, B당 4만2500, C당 2만5000, D당 1만5000이다. 제수 5로 나누면 A당은 5만4000, B당은 3만4000, C당은 2만, D당은 1만200이다. 이런 식으로 1~10위에 배분할 경우 A당은 5석, B당은 3석, C당은 1석, D당은 1석을 얻는다.

라그식은 스웨덴, 노르웨이 등에서 쓰는 제도로 1, 3, 5, 7 등 순서의 제수를 사용한다. 위와 같은 조건으로 제수를 바꿔 계산할 경우 A당은 4석, B당은 3석 C당은 2석, D당은 1석을 갖게 된다. 만약 10번째 숫자가 동일하게 나오는 경우 추첨을 통해 의석을 배분한다. 라그식이 동트식보다 소수정당에 조금 더 유리한 계산 방식이다.

<동트식>

	A당	B당	C당	D당
제수/득표수	270000표	170000표	100000표	60000표
÷1	270000(1번째)	170000(2번째)	100000(4번째)	60000(8번째)
÷2	135000(3번째)	85000(6번째)	50000	30000
÷3	90000(5번째)	56666.6(9번째)	33333.3	20000
÷4	67500(7번째)	42500	25000	15000
÷5	54000(10번째)	34000	20000	12000
의석수	5석	3석	1석	1석

〈라그식〉

	A당	B당	C당	D당
제수/득표수	270000표	170000표	100000표	60000표
÷1	270000(1번째)	170000(2번째)	100000(3번째)	60000(5)번째
÷3	90000(4번째)	56666.6(6번째)	33333.3(10번째)	20000
÷5	54000(7번째)	34000(9번째)	20000	12000
÷7	38571.4(8번째)	24285.7	14285.7	8571.4
÷9	30000	18888.8	11111.1	6666.6
의석수	4석	3석	2석	1석

17

혼합형 선거제도

혼합형 선거제도는 다수제와 비례대표제를 결합한 방식이다. 투표 방식은 1인 2표제로 지역구와 정당 투표로 구분된다. 여기서 의석을 결정하는 방식에 따라 다수제형과 비례대표제형으로 나뉜다.

다수제형 혼합선거제는 지역구 투표와 정당 투표의 결과를 단순 합산하는 제도로, 병립형 선거제도라고 불린다. 의회 구성원을 법률로 정해진 수에 맞춰 지역구와 비례대표 의원으로 채운다. 사실상 전체적으로 득표수와 의석수의 비례성을 맞춰줄 수 있는 방법이 존재하지 않는다. 이 때문에 비례성은 지역구 비중이 클수록 낮아지고, 비례대표 비중이 클수록 높아진다. 만약 총 300석 중 253석이 지역구, 47석이 비례대표로 선출된다고 해보자. 어떤 정당이 지역구에서 100석을 얻었고, 정당투표에서 20%를 얻었다면 100석+(47×0.2=9.4)석을 차지하게 된다.

제20대 국회의원 선거를 살펴보면 당시 지역구 선거에서 더불어민주당은 110석, 새누리당은 105석, 국민의당은 25석, 정의당은 2석을 얻었다. 비례대표 선거에서는 새누리당 33.5%, 더불어민주당 25.54%, 국민의당 26.74%, 정의당 7.23%를 받았다. 봉쇄조항을 못 넘긴 정당에는 의석이 배분되지 않으므로, 3% 이상 정당의 득표수로만 득표율을 재계산한다. 이때 분모는 210만5,479표가 되고 새누리당은 16.9, 더불어민주당은 12.9, 국민의당은 13.5, 정의당은 3.6의 정수 부분만큼 배분된다. 나머지 3석은 소수점 자리가 큰 정당에 차례대로 배분된다. 결과적으로 새누리당 17석, 더불어민주당 13석, 국민의당 13석, 정의당 4석이 할당됐다.

비례대표제형 혼합제는 지역구 투표와 정당 투표의 결과를 연계하는 방식이다. 일단 정당투표가 각 당의 전체 의석수를 결정한다. 지역구 당선자를 뺀 나머지 당선자들은 정당명부에서 채운다. 만약 정당투표에서 결정된 의석수보다 지역구 당선자가 더 많을 경우 전체 의석수를 증가시킨다. 예를 들어 만약 총 300석의 의원정수가 있다고 생각해 보자. 어떤 정당이 지역구에서 10석, 정당투표에서 20%를 얻었다. 그러면 60석(300×0.2)의 의석이 보장되고, 지역구 당선자 10명을 제외하고 50명을 비례대표로 받게 된다.

독일 연방의회의 법정의원 정수는 598명이다. 2021년 독일 연방의회 선거에서는 사회민주당 25.7%, 우니온(독일기독교민주연합·바이에른기독교사회연합) 24.1%, 녹색당 14.8%, 자유민주당 11.5%, 독일을 위한 대안 10.3%, 좌파당 4.9%의 득표율을 얻었다. 결과적으로 각 정당의 초과의석이 배분 결과 736석이 확정되며 역대 최대를 기록했다. 그러자 세금 부담, 의사당 공간 확보 문제 등이 불거지자 비판 여론이 일었다. 2023년 3월 독일 연방하원은 의석수를 736석에서 630석으로 줄이는 선거법 개혁안을 의결했다. 하지만 소수정당들은 의석을 배분받지 못하게 될까 봐 강력히 반발했다.

혼합형 선거제도 : 다수제 · 비례대표제 결합한 방식
다수제형 혼합선거제 : 지역구 투표 · 정당 투표 결과 단순 합산
비례대표제형 혼합제 : 지역구 투표 · 정당 투표 결과 연계

18

의무투표제

우리나라에서 투표율은 선거 때마다 실시간으로 생중계된다. 투표율이 높은가 낮은가에 따라 정당 간 유불리를 따지기도 한다. 대통령 선거의 투표율을 70%대를 유지하고 있지만 총선과 지선의 경우 50~60%에 그치고 있다. 사실상 유권자 중 절반은 투표를 하지 않고 있는 셈이다. 성숙한 민주시민이라면 투표권을 행사해야 한다고 강조하지만 반드시 그렇다고도 볼 수 없다. 투표를 하지 않는 행위 자체가 또 다른 정치적 의사표현일 수 있기 때문이다.

선거는 국민들이 정치 과정에 가장 손쉽게 참여할 수 있는 방법이다. 그러나 정당 일체감 부재, 당원 감소 등 전반적인 정당정치 쇠퇴가 투표율 하락의 원인이 되고 있다. 전반적인 투표율 하락은 민주주의 체제에서 결코 좋은 현상이라고 말할 수는 없다. 낮은 투표율은 소수의 목소리가 과대 반영되고, 정당들이 적극 투표층만을 바라봄으로써 극단적인 대립이 벌어질 가능성이 농후하다. 국가들마다 어떻게든 투표율을 높이기 위해 고심을 하는 이유다.

오스트레일리아·벨기에·싱가포르 등 몇몇의 나라들은 의무투표제를 도입하고 있다. 투표 불참자에게는 소명 요구, 벌금, 참정권 제한 등 다양한 벌칙이 부과된다. 기권하고 싶은 의사가 있을 경우에도 투표장에 가야 하며, 불참할 경우 선거관리위원회에 이유를 알려야 한다. 의무투표제는 선거의 대표성을 높이고, 정부와 국회의 권위를 높이는데 도움이 된다. 정치에 참여하지 않던 집단을 유입시킴으로써 정치문화 발전을 이끌 수 있다. 그러나 투표 여부의 자유를 보장하는 것이 민주주의 원칙에 맞으며, 의무투표제를 실시해도 100%의 투표율은 달성할 수 없다는 지적이 나온다. 정치에 대한 관심과 정보가 부족한 사람들이 투표에 참여함으로써 사회적으로 부정적 결과로 이어질 수 있다는 비판도 있다.

〈의무투표제〉

투표 불참자 소명 요구, 벌금, 참정권 제한 등 벌칙

오스트레일리아·벨기에·싱가포르 등 시행

100% 투표율 달성은 불가

실제 시민들의 정치 참여 수준과 성숙한 민주주의는 별개의 문제다. 1965년 미국의 정치학자 가브리엘 알몬드(Gabriel A. Almond)와 시드니 버바(Sidney Verba)는 미국·영국·독일·이탈리아·멕시코 등 5개국의 정치문화를 연구했다. 각국의 정치의식, 성향, 태도 등에 대한 일반적 경향에 대한 측정이 이뤄졌다. 그 결과로 시민의 유형을 전통형, 신민형, 참여형으로 분류했다. 전통형 시민은 정치체계 자체를 제대로 인지하지 못하고, 정치 과정에서의 역할 기대가 없으며, 정치 참여에 소극적이다. 신민형 시민은 권위주의 체제에 살고 있는 것처럼 수동적이고 복종적인 성향을 갖는다. 이들은 정치 과정에서의 참여자보다는 자신을 피지배자라로 여긴다. 참여형 시민은 정치체제에 대해 명확한 인식과 의견이 있으며, 정치 과정에 능동적으로 참여한다. 해당 연구는 시민문화의 발전이 안정적인 민주주의 발전의 기반이 됐다는 것을 가설에서 출발했으나 입증에는 끝내 실패했다. 결국 시민형이 대다수 문화일 필요는 없으며, 여러 시민 유형이 조화를 이룰 때 안정된 민주주의 사회가 유지된다는 결론에 도달했다.

<시민의 유형>

전통형 시민 : 정치체계 인지 X, 정치 참여 소극적

신민형 시민 : 수동적·복종적 성향, 피지배자로 인식

참여형 시민 : 정치체제 명확한 인식, 정치 참여 능동적

19

사법부와 헌법재판소

법의 지배는 민주주의 체제의 근간이다. 한 사람의 자의적 판단이 아닌 헌법과 법률에 의한 지배를 의미한다. 모든 사람은 법 앞에 평등하며, 헌법상 기본권은 보장돼야만 한다. 사법부는 삼권분립의 한 축으로써 행정부·입법부를 견제하는 기능을 한다. 대표적으로 위헌법률심판은 대법원이나 헌법재판소가 법률 자체를 무력화시킬 수 있는 막강한 권한이다. 이는 민주주의 정치를 때로는 안정적으로 만들기도 하고, 제약하기도 한다. 사법부의 역할에 대해서는 두 가지의 주장이 대립한다.

사법적극주의는 정치적 목표, 사회 정의 실현 등 공공에 영향을 미치는 판사의 역할을 강조하는 반면 사법소극주의 정치는 의회에 맡겨두고 단순히 법조문을 적용만 해야 한다는 입장이다.

사법적극주의 : 정치적 목표·사회 정의 등 공공에 영향
사법소극주의 : 정치는 의회에 맡겨두고 단순히 법조문 적용

국가별로 사법시스템에도 차이가 있다. 특히 헌법적 분쟁을 다루는 데 있어 일반법원이 담당하는 경우와 헌법재판소가 존재하는 경우로 나뉜다. 전자는 미국·캐나다 등이, 후자는 독일·오스트리아 등이 채택하고 있다. 미국 연방대법원은 대법원장과 대법관 등 총 9명으로 구성된다. 이들은 대통령이 지명하고, 의회에서 다수결로 임명동의를 받는다. 중대한 범죄행위를 저지르거나 스스로 사임하지 않는 한 종신까지 임기를 보장받는다. 사법부의 독립성을 유지하기 위한 하나의 방편이다.

헌법재판소는 오스트리아계 법학자인 한스 켈젠(Hans Kelsen)이 이론적 기초를 만들었고, 법률안을 기각하는 부정적 입법자 기능에 초점을 맞췄다. 이러한 영향을 받아 1919년 오스트리아에서 처음 설립됐고, 1945년 서독과 프랑스에 도입됐다. 주로 전체주의 독재를 경험한 나라들이 기존 체제를 뛰어넘기 위해 만들었고, 과거 정권에 의한 사법부의 부정·부패를 극복하려는 시도였다. 독일 연방헌법재판소는 헌법재판소장, 부소장, 재판관 등 총 16명으로 이뤄져 있다. 재판관의 임기는 12년으로 나이 제한은 68세이다. 이들의 연임·중임은 불가하며, 의회에서 3분의 2라는 압도적 찬성이 필요하다. 미국과 달리 판결은 반드시 합의에

의해 내리게 함으로써 정치적 역할을 최소화하는 장치를 뒀다.

우리나라 역시 헌법재판소를 두고 있다. 1960년 헌법상 규정이 만들어졌으나 5·16 군사쿠데타로 설립되지 못했다. 1987년 헌법에 다시 명시됐고, 1988년 헌법재판소가 만들어졌다. 헌법재판소는 위헌법률심판, 탄핵심판, 정당해산심판, 국가기관 및 지방자치단체 간의 권한쟁의심판, 헌법소원심판을 담당한다. 헌법재판소장은 국회의 동의를 얻어 재판관 중에서 대통령이 임명한다. 재판관은 대통령, 국회, 대법원장이 3인씩 임명해 9명으로 구성된다. 헌법재판소는 각하·인용·기각이라는 판결 용어를 사용한다. 각하는 재판청구 절차상 문제가 있어 옳고 그름을 판단하지 않고 종료시키는 것이다. 인용은 재판관 9명 중 6명 이상의 찬성으로 심판청구를 받아들이는 것을 뜻한다. 반면 기각은 심판청구를 받아들이지 않음을 의미한다.

〈헌법재판소〉
위헌법률, 탄핵, 정당 해산, 권한쟁의, 헌법소원 등 심판
헌법재판소장은 국회 동의를 얻어 9명 재판관 중 대통령이 임명
각하는 판단 안함, 인용은 통과, 기각은 미통과

정치의 사법화가 논쟁거리다. 정치적으로 해결해야 할 문제들을 자꾸 사법 절차로 가져가는 일이 흔해지고 있어서다. 정치권은 자신들이 원하는 대로 판결이 나오면 사법부의 독립성을 칭송하고, 그렇지 아닐 경우 정치적 결정이라고 맹비난을 퍼붓는다. 여기서 중요한 것은 국가적으로 중요한 사안이 대표성을 지닌 의회가 아닌 소수의 사법 엘리트

에 의해 결정되고 있다는 사실이다. 이 같은 현상이 강화될수록 사법부가 행정부·입법부 위에 군림하는 형태가 될 수 있고, 사법부가 견제 받지 않는 존재로서 얼마든지 민주주의의 후퇴를 가져올 수 있다.

20

거부권행사자

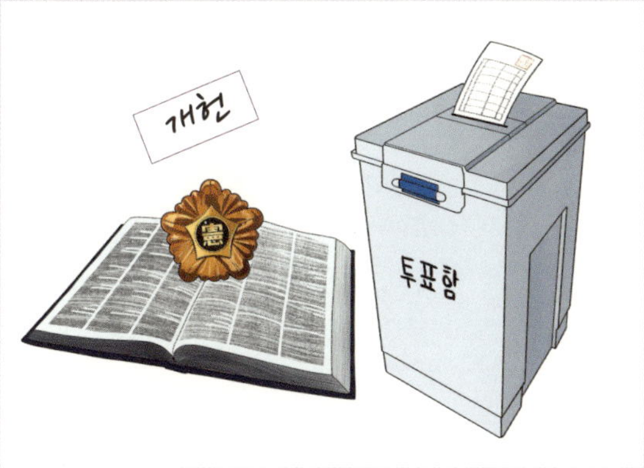

정치권에서 잊을만하면 나오는 얘기가 있다. 바로 헌법 개정이다. 특히 대통령제, 준대통령제, 의회제라는 권력구조 개편에 초점이 맞춰져 있다. 막강한 대통령의 권한을 축소해야 한다거나 중임제를 통해 정치적 책임을 물을 수 있어야 한다는 등 여러 가지 주장들이 혼재한다. 그러나 전체적인 정치체제를 조망하는 시각은 존재하지 않는다. 권력구조, 정당체제, 선거제도가 조화를 이뤄야만 안정적인 민주주의가 유지될 수 있다.

미국의 정치학자 조지 체벨리스(George Tsebelis)는 '거부권 행사자'라는 이론을 제시했다. 정치는 집합적 의사결정으로, 거부권 행사자는 최종 결정을 위해 동의를 거쳐야 하는 사람과 기관을 말한다. 여기서 의사결정에 도달하기까지의 시간·노력인 거래비용과 법·제도 유지를 위한 순응비용이 발생한다. 1인 독재는 거래비용을 최소화하지만 순응비용이 최대화하고, 만장일치제는 순응비용은 최소화되지만 거래비용은 최대화된다. 이상적인 제도는 순응비용과 거래비용의 합을 최소화시키는 조합이 된다.

<거부권행사자>
최종 결정 위해 거쳐야 하는 사람·기관의 수
1인 독재 : 거래비용↓, 순응비용↑
만장일치제 : 거래비용↑, 순응비용↓

대통령제는 삼권분립이라는 원칙하에 제도적으로 거부권 행사자를 규정하고 있다. 미국의 정치제도를 살펴보면 입법부(상원·하원)·사법부 등 다수의 제도적 거부권 행사자가 존재하지만 정당체제(양당제)와 선거제도(소선거구제·간접선거)는 소수의 거부권 행사자만이 나오도록 설계돼 있다. 이런 체제에서는 여당이 과반수 의석을 차지할 경우 의회라는 거부권 행사자가 사라지게 된다. 반면 브라질은 대통령제를 채택하고 있지만 정당체제는 다당제, 선거제도는 비례대표제를 채택하고 있다. 비례대표제는 다당제를 만들고, 여러 정당이 연합해야만 입법이 가능하다. 정치제도상 거부권 행사자가 양산되는 형태로, 불안한 정치체제가 지속될 수밖에 없다. 이처럼 대통령제와 비례대표제의 조합은 최악의 효율성을 가져오고, 정치가 실종되는 식물정부·의회 상태를 낳는다.

의회제는 다수당이 행정부를 구성하기 때문에 거부권 행사자의 수가 줄어든다. 특히 의회제와 양당제, 소선거구제의 결합은 정부에 막강한 권력을 부여하게 된다. 영국이 가장 대표적인 국가로, 대통령제하에서 여대야소의 상황과 같다. 반면 대다수의 유럽 국가들은 의회제와 다당제, 비례대표제를 시행하고 있다. 의회제의 특성에 맞춰 행정부로의 과도한 권력집중을 막기 위해 거부권 행사자를 늘린 형태다. 의회 내에서 하나의 정당이 과반을 차지할 수 있는 최대한 가능성을 낮추고, 여러 정당 간 연합 및 견제를 상시적으로 가능하게 하면서 제도적 조화를 이룬 셈이다.

권력구조 개편 논의는 거부권 행사자 수의 적절한 균형점을 찾아야 한다. 그렇다면 헌법 개정의 목적이 중요하다. 제왕적 대통령제의 폐해 극복, 다양한 사회적 목소리의 반영이 목적이라면 거부권 행사자를 늘려야 한다. 단순히 대통령제 단임제, 중임제 차원의 문제가 아니다. 그런데 우리가 대통령제만을 고수한다면 결국 다당제와의 조합밖에는 남지 않는다. 세계적으로 이미 실패했다고 평가받는 모델을 굳이 도입할 이유가 없다. 차라리 준대통령제나 의회제로의 획기적인 전환이 논의돼야 마땅하다. 이론적으로 대통령제를 유지하면서 다당제, 비례대표제 도입을 주장하는 것은 어불성설이다.

<거부권 행사자 수의 제도적 균형점>

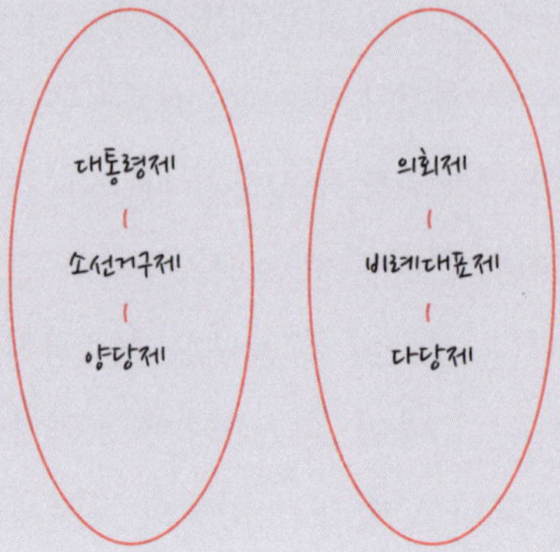

IV.

국제정치

01

현실주의

우리는 세계 각국의 소식이 실시간으로 전달되는 시대에 살고 있다. 단순한 국제행사나 사건으로 받아들이고 그냥 넘어갈 수도 있지만 좀 더 명확한 이해를 위해서는 국제관계를 바라보는 관점이 필요하다. 어떤 시각에서 보느냐에 따라 본질이 다르게 보이고 원인, 진단, 대응이 달라질 수 있다. 정치학에서 국제정치를 바라보는 관점은 현실주의, 이상주의, 사회구성주의, 마르크주의, 종속이론 등 크게 다섯 가지로 나뉜다.

현실주의는 이기적인 인간의 본성 또는 국제적 무정부상태라는 관점에서 국제정치를 분석한다. 현실주의의 핵심 개념은 국가, 생존, 자립이다. 국가는 세계정치의 가장 중요하고 유일한 행위자이며, 주권국가보다 권위 있는 존재는 없다. 이 때문에 세계정치는 무정부상태의 상황에 직면하게 된다. 여기서 모든 국가의 목표는 생존 및 자국의 이익에 초점이 맞춰져 있다. 이것이 국가의 존재 이유이며, 타협의 대상이 결코 될 수 없다. 이러한 국제관계에서는 힘의 논리가 작용하고, 국가들은 권력투쟁 관계에 놓여있다. 결국 국가의 안정보장은 오로지 자립에 의해서만 가능하고 군사력을 키우는데 집중할 수밖에 없다. 공존은 상대적 이익을 얻기 위한 힘에 의한 균형, 동맹 등 세력균형 상태에서만 존재한다.

<현실주의>
국제정치 본질=권력투쟁
국가는 유일한 행위자, 국제관계는 힘의 논리
모든 국가의 목표는 생존, 자국의 이익
안전보장은 자립에 의해서만 가능

고전현실주의는 권력과 지배욕이라는 인간본성에 집중해 국제정치를 해석한다. 그리스의 역사가 투키디데스(Thucydides)가 '펠로폰네소스 전쟁사'에서 언급한 투키디데스의 함정이 대표적이다. 기원전 5세기 당시 패권국이었던 스파르타는 신흥패권국으로 아테네가 부상하자 전쟁을 감행한다. 이는 기존 강대국은 자신의 패권이 흔들리면 두려움을 느끼므로, 사실상 신흥 강대국과의 무력충돌은 불가피하다는 이론이다. 이탈리아의 정치학자 니콜로 마키아벨리(Niccolò Machiavelli)는 성악설을 기반으로 목적이 수단을 정당화한다고 주장했다. 정치인들은 항상 불가피한 투쟁에 직면하고, 잔인하고 교활한 방식을 통해 통치한다. 국제정치에서 국가가 생존하기 위해서는 모든 수단을 동원해야 하고, 윤리적·도덕적 문제는 배제돼도 상관없다. 영국의 정치철학자 토머스 홉스는 국제관계 역시 만인에 대한 만인의 투쟁 상태로 인식하고, 국가 간의 전쟁과 폭력은 항상 잠재적으로 존재한다고 봤다. 미국의 정치학자 한스 모르겐타우(Hans Joachim Morgenthau)는 "국제정치는 다른 모든 정치와 마찬가지로 권력을 위한 투쟁"이라고 강조했다. 정치인들이 권력을 추구하듯, 국가 역시 권력의 극대화를 원한다. 국가 간의 권력투쟁은 멈출 수 없다고 보고 철저한 현실주의 정책을 해법으로 제시했다. 이 같은 전략은 당시 제2차 세계대전, 냉전이라는 시대적 상황과도 맞물려 있다.

구조현실주의와 신현실주의는 국제정치의 본질은 권력투쟁이라는 측면에서는 고전현실주의와 동일하다. 그러나 이들은 국가 간의 갈등 원인을 인간의 본성으로 규정짓는 것에 동의하지 않는다. 대신 국가 이상의 권위의 부재와 권력분배에 초점을 맞춘다. 프랑스의 철학자 장 자크 루소(Jean-Jacques Rousseau)는 국가 사이의 불안을 야기하는 것은 인간이 본성이 아니라 무정부적인 체제라고 진단했다. 미국의 정치학자 케네스 월츠(Kenneth Waltz)는 방어적 현실주의자로 불린다. 1979년 '국제정치이론'에서 각국은 무정부상태에서 생존을 위해 자립을 추구하게 된다고 봤다. 가장 안정적인 질서는 두 개의 강대국만 존재하는 양극체제라고 설명했다. 미국의 정치학자 존 조셉 미어샤이머(John Joseph Mearsheimer)는 공격적 현실주의자로 일컬어진다. 2001년 '강대국 국제정치의 비극'에서 국가는 안전을 최우선시하고 전략적 행동을 취한다고 밝혔다. 여기서 스스로의 안전을 보장받는 최선의 전략은 힘을 최대한 극대화하는 것이다. 신고전현실주의는 기존 구조현실주의 이론들이 국가들의 모든 선택을 설명할 수 없다고 생각한다. 이들은 냉전의 종식 이후 국제정치는 국가 지도자들의 개인 인식, 국가 내 변수 등 더 많은 추가적 요소들이 고려돼야 한다고 주장한다.

최근 미국·중국 갈등, 러시아·우크라이나 전쟁 등 일련의 사태들을 비춰볼 때 현실주의는 매우 타당하고 합리적은 분석으로 보인다. 그러나 정치사상과 마찬가지로 모든 것을 완벽하게 설명할 수 있는 틀은 존재하지 않는다. 현실주의에는 주권국가만을 국제관계의 행위자로 보지만 국제기구, 비정부 기구, 이익단체 등이 많은 영향을 미치고 있다. 국가의 목표는 안전보장 외에도 경제 성장, 문화 번영 등으로 다양해졌다. 국가의 힘은 군사력에만 의존하지 않으며 가치, 문화, 외교정책 등이 관여하고 각국 간 협력과 교류도 활발하다. 이러한 요소들을 현실주의는 설명하지 못한다는 한계가 있다.

고전현실주의 : 권력·지배욕 등 인간 본성 집중
구조현실주의·신현실주의 : 국가 이상의 권위 부재 초점
한계 : 활발한 국제 협력·교류 설명X

02

이상주의

이상주의는 현실주의에 맞선 가장 강력한 대안 이론이다. 자유주의적 전통에 기초하며, 인간의 이성에 대한 믿음을 바탕으로 한다. 국제관계에서 주권국가를 핵심 행위자로 인식하나 유일한 행위자는 아니라고 여기고, 각국들이 일정한 협력을 통해 이익을 극대화할 수 있다고 믿는다. 이러한 국가 전략의 실패는 다른 국가들이 협력하지 않고 기만행위가 이뤄질 때 발생한다. 하지만 경제적 교류와 평화 구축으로 인한 더 이익이 크기 때문에 국제기구·제도를 만들고 유지하는데 동참할 수밖에 없다.

19세기 자유무역주의자들은 국가 간 갈등의 요인을 정부의 과도한 개입으로 봤다. 이들은 개인적 자유, 자유무역, 상호의존이 강화돼야 국제적인 이익이 크게 창출될 수 있다고 생각했다. 특히 국제 무역이 활성화될수록 국가들이 막대한 수혜를 누리면서 전쟁이 일어나지 않고 평화가 달성된다고 확신했다. 이처럼 이상주의는 국제관계에서 경제성장, 수출입 등 국가 내부의 속성을 중요하게 인식하고 국내정치의 관점을 국제정치까지 확장한 개념이다.

<이상주의>
자유주의적 전통 기초, 이성에 대한 믿음
국가는 국제관계의 유일한 행위자x
일정한 협력 통해 이익 극대화 가능

독일의 철학자 임마누엘 칸트(Immanuel Kant)는 영구평화론을 주창했다. 칸트는 전쟁이 없는 영구평화를 추구했고, 가상의 평화조약안을 제시했다. 제1조는 모든 국가의 시민헌법은 공화주의적이어야 한다, 제2조는 국가의 권리는 자유국가의 연방에 기반을 둬야 한다, 제3조는 세계주의적 권리는 보편적인 호의의 조건에 제한돼야 한다는 내용이다. 구체적으로는 비밀 조약 금지, 다른 국가와의 강제적 통합 금지, 상비군 점진적 폐지, 전쟁을 위한 국채 발행 금지, 내정 간섭 금지, 적대 행위의 금지 등이 포함됐다. 이러한 구상은 국제연맹(LN)과 국제연합(UN)이 설립되는데 이념적 기초가 됐다. 20세기 후반 미국의 정치학자 마이클 도일(Michael Doyle)은 칸트의 이론을 민주평화론으로 발전시켰다. 민주주의 국가들 사이에는 전쟁이 일어나지 않는다는 것이 핵심으로 세계 평화 체제 구축을 목표로 한다. 그러나 민주주의 국가와 비민주주의 국가 사이의 관계가 설명되지 않는다는 비판이 제기된다.

<칸트가 주장한 영구 평화를 위한 예비 조항과 확정 조항>

◎ 예비 조항

1. 장차 전쟁의 화근이 될 수 있는 내용을 암암리에 유보한 채 맺은 어떠한 평화 조약도 결코 평화 조약으로 간주되어서는 안 된다.
2. 어떠한 독립 국가도 상속, 교환, 매매 혹은 증여에 의해 다른 국가의 소유로 전락할 수 없다.
3. 상비군은 조만간 완전히 폐지되어야 한다.
4. 국가 간의 대외적 분쟁과 관련하여 어떠한 국채도 발행되어서는 안 된다.
5. 어떠한 국가도 다른 국가의 체제와 통치에 폭력으로 간섭해서는 안 된다.
6. 어떠한 국가도 다른 나라와의 전쟁 동안에 장래의 평화 시기에 상호 신뢰를 불가능하게 할 것이 틀림없는 다음과 같은 적대 행위, 예컨대 암살자나 독살자의 고용, 항복 조약의 파기, 적국에서의 반역 선동 등을 해서는 안 된다.

◎ 확정 조항

1. 모든 국가의 시민적 정치 체제는 공화 정체이어야 한다.
2. 국제법은 자유로운 국가들의 연방 체제에 기초해야 한다.
3. 세계 시민법은 보편적 우호의 조건들에 국한되어야 한다.

우드로 윌슨 미국 대통령은 국제정치의 비민주성과 세력균형이 전쟁이 원인이 된다고 봤다. 윌슨은 집단안보와 각국의 자결을 내세웠다. 집단안보는 한 나라에 대한 침략을 구성원 모두에 대한 침략으로 간주하고 집단적으로 대응하는 체제이다. 단순한 아이디어 수준에 그친 것이 아니라 실제 국제적인 규범으로까지 발전했다. 윌슨 대통령은 제1차 세계대전이 발발하자 전쟁을 종식시키기 위한 평화협상에 노력했다. 결국 '전쟁을 끝내게 하는 전쟁'이라는 슬로건으로 참전하게 됐지만 1918년에는 민족자결주의, 비밀외교 폐지를 핵심으로 하는 14개조 평화원칙을 발표했다. 1920년에 비로소 국제연맹이 설립됐지만 제2차 세계대전 발발을 막아내지는 못했다. 사실상 국제연맹의 실패로 이상주의 이론은 힘을 잃었지만 강대국들이 또 다른 국제제도의 필요성을 공유하면서 1945년 국제연합이 탄생했다. 그 이후 이상주의자들은 다원주의를 기반으로 국제기구·제도를 강조했다. 다원주의는 다양성을 인정하고 존중하는 것으로 초국적 기업, 비정부기구의 출현이 바꾼 세계의 풍경이다. 자유무역과 지역통합 등 높아진 상호의존 역시 한몫했다. 신자유주의는 국가는 합리적 행위자로, 이익을 최대화하고 손실을 최소화한다고 정의한다. 이러한 가정 하에 국제제도는 국가의 효용과 선택에 영향을 미치고, 협력적 상황에 놓이게 함으로써 평화 체제가 유지될 수 있도록 하는 유인을 제공한다.

미국이라는 초강대국이 등장하면서 확립된 현재의 국제질서는 다시 한 번 도전받고 있다. 미국의 힘이 상대적으로 약해지고, 세계경찰로서의 지위와 능력이 의심받고 있기 때문이다. 미국의 정치학자 존 아이켄베리(John Ikenberry)는 "미국의 패권이 자유주의적 국제 질서를 지탱하는 적합한 틀이 아니다"라고 지적한다. 중국이라는 신흥 강대국은 부상하고 있고, 선진국들은 주권평등의 원칙 아래 더 많은 권한을 요구하고 있기 때문이다. 이제 자유주의적 국제질서가 쇠락하고, 어떤 방향으로 나아갈지 예측할 수 없다. 그러나 냉전체제처럼 강대국들의 경합이 벌어질 경우 세계는 다시 전쟁상태에 놓일 수 있다. 종전과 마찬가지로 국제기구는 갈등을 제대로 조율하지 못하고, 효과적으로 작동하지 않을 가능성이 농후하다. 우리가 조만간 새로운 전쟁 또는 세계질서를 마주하게 될지도 모른다는 얘기다.

03

사회구성주의

사회구성주의는 특정 사건의 의미, 개념 등을 연구한다. 특히 개인이나 집단이 사회적 현상을 어떻게 바라보고 구성해 내는지 살핀다. 국제관계에서는 행위자와 구조의 관계가 주된 관심거리다. 행위자들의 정체성과 이해관계를 구조가 어떻게 결정짓고, 상호작용하고, 재생산하는지에 집중한다. 1990년대 처음 등장했을 때만 해도 국제관계이론에서 비주류였으나 이제는 중요한 이론 중 하나로 여겨진다. 주류 학문인 현실주의와 이상주의는 정반대의 원인과 진단을 내놓지만 행위자가 이익을 추구하고, 구조가 행위를 제약한다는 가정을 공유한다. 두 이론은 냉전체제의 종식을 예견하지 못했고 사회구성주의가 주목을 받을 수 있는 발판이 마련됐다.

사회구성주의는 국제정치를 행위자들의 가치관, 제도, 구조 등이 상호작용하는 사회적 행위라고 규정한다. 권력은 다른 행위자가 실제로는 원치 않는 행동을 하도록 강요하고, 힘의 한계를 명확히 규정짓는다. 사회구성주의는 현실주의에서 주장하는 무정부상태라는 주장을 비판하고, 국제관계는 주권국가들의 사회적 계약에 따른 산물이라고 주장한다. 이상주의에서는 한발 더 나아가 제도와 규범이 국제정치의 행위자가 될 수 있다고 본다. 이처럼 사회구성주의자들은 국제정치이론에서 당연하게 받아들여 왔던 것에 질문을 던지고, 지금까지와는 다른 대안적 경로를 제시한다.

사회구성주의는 합리적 선택이론과 유사성이 많다. 합리적 선택 이론은 사회적 행위는 개인들의 선택에 기인한다고 본다. 개인은 주어진 제약 조건 안에서 각각의 선호를 갖고 있고, 이익을 극대화하는 합리적인 결정을 내린다. 법적·사회적 규범이 선호도에 영향을 미치고 최종 결정에 반영된다. 이러한 분석 방법은 이상주의에서 제시한 마이클 도일(Michael Doyle)의 민주평화론의 한계를 극복하고, 각국의 선택을 보다 명확하게 이해하는 데 도움이 된다.

사회구성주의는 규범의 국제화 및 확산이 핵심 주제다. 동일한 환경에 노출된 행위자와 제도는 최종적으로 하나로 유형으로 수렴해 나간

다. 대표적으로 시장경제체제는 민주주의·권위주의 등 정치체제와 상관없이 세계적인 규범으로 자리 잡았다. 미국의 정치학자 마사 핀모어(Martha Finnemore)와 캐스린 시킨크(Kathryn Sikkink)는 '규범의 생활주기'라는 개념을 제시했다. 규범의 출현은 강대국에 의해 많은 국가들이 받아들이도록 하려는 시도가 이뤄진다. 규범의 전이는 규범은 전파되고, 규범을 받아들인 국가들이 늘어나고 확산되는 과정이다. 여러 국가들의 압력과 국제적 정당화 등을 거쳐 규범은 사회화 단계에 이른다. 규범의 내재화는 다수가 당연하게 생각하게 되는 제도로 자리 잡고 더 이상 논쟁의 여지가 되지 않는 상태를 의미한다.

국제적 규범은 개별 국가들의 행동을 제약하는 측면에서는 규제에 가깝고, 특정 행동을 하도록 만든다는 측면에서는 구성적이다. 국제정치의 행위자들은 이익의 극대화, 자유·인권 등 가치관을 추구할 수도 있다. 사회구성주의는 과거의 사건을 분석하고 이해하는 데는 탁월한 측면이 있지만 미래의 사건을 예측하는 데는 불리하다. 행위자들의 선호가 변화할 수 있다는 가정을 하고 있기 때문에 정확하고 일관적인 결론에 도달할 수 없다. 그럼에도 불구하고 국제정치의 역사와 사례를 토대로 다양한 해석을 내놓고, 세계를 보다 풍부하게 이해할 수 있는 하나의 이론적 틀로 유용하다.

<사회구성주의>
특정 사건의 의미, 개념 등 연구
국제정치 행위자들은 상호작용
합리적 선택이론 유사, 각각의 선호에서 이익 극대화

04

마르크스주의

마르크스주의는 국제관계를 바라보는 시각 자체가 완전히 다르다. 사실 독일의 사상가 칼 마르크스(Karl Marx)는 국제관계이론을 직접 제시한 적은 없다. 그러나 마르크스주의 학파 내에서 다양한 해석과 분석이 나왔다. 마르크스주의 기본적으로 상부구조와 토대로 나눠 사회를 분석하듯, 국가 사이의 체제에 집중한다. 여기서 경제적 착취 구조와 자원의 이동은 가장 중요한 요소이다. 이같이 국제관계에서도 생산력과 생산관계의 모순, 계급과 계급투쟁에 초점을 맞춘다.

세계체제론은 마르크스주의를 국제정치이론으로 적용한 최초의 시도다. 미국의 사회학자 이매뉴얼 월러스틴(Immanuel Wallerstein)은 국가 단위가 아닌 역사적 세계체제에 주목했고, 세계 자본주의를 중심부·반주변부·주변부 국가로 나눠 하나의 착취 구조로 분석했다. 중심부는 민주주의정부가 수립돼 있으며 사회적으로 고임금, 복지 혜택을 누린다. 원자재는 수입하고 공산품은 수출해 막대한 경제적 이익을 취한다. 반주변부는 비민주적인 정부, 저임금, 낮은 복지서비스가 일반적이다. 중심부와 주변부의 특징을 모두 가지고 있으며, 경제 교역의 상대적 수혜를 누린다. 주변부는 권위주의 국가가 대부분으로, 국민들은 생계 수준 이하의 처참한 상황에 놓여있다. 공산품은 수입하고, 원자재는 수출하는데 사실상 수탈적 상황에 직면해있다고 볼 수 있다. 이러한 세계질서 하에서는 선진국은 더 부유해지고, 빈곤국은 더 가난해지는 결과를 초래한다.

<세계체제론의 착취 구조>

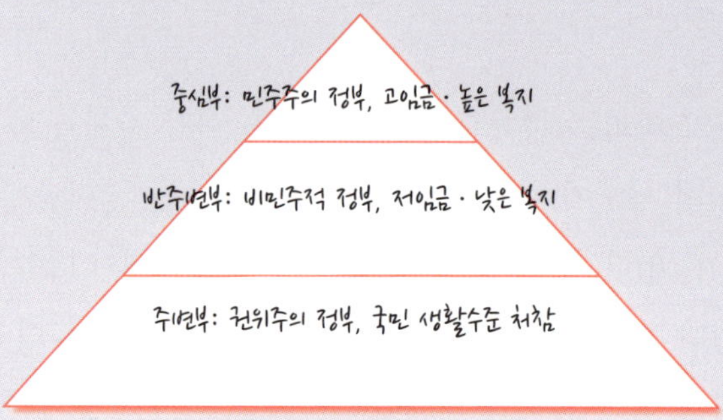

그람시주의는 헤게모니의 관점에서 세상을 바라본다. 이탈리아의 철학자 안토니오 그람시(Antonio Gramsci)는 기존 마르크스주의의 토대 중심에서 관점을 상부구조로 이동시켰다. 자본주의 국가들은 권력을 유지하기 위해 학교, 미디어, 교회 등을 활용한다. 지배층에 의해 조작된 문화 헤게모니는 피지배층의 자발적 동의와 수용을 이끌어낸다. 자본주의 이념과 이데올로기는 사회 전체로 확산되고, 세계 전역으로 전파된다. 이 때문에 마르크스가 예언했던 프롤레타리아 혁명이 일어나지 않았다는 분석이다. 그람시는 지배층에 반기를 드는 대항 헤게모니를 대안으로 제시했다. 가장 중요한 것은 교육으로, 오랜 기간 헤게모니와의 진지전을 치러내야 한다고 강조했다.

비판이론은 1930년대 독일 프랑크푸르트학파의 신마르크스주의를 일컫는다. 이들도 마찬가지로 시선을 토대에서 상부구조로 옮겼고, 기존 질서에 도전하고 해방적 변화로 나아가는 과정을 분석했다. 영국의 정치학자 저스틴 로젠버그(Justin Rosenberg)는 국제질서를 역사적으로 설명하는 이론이 필요하다고 주장했다. 특정 시기 국가 간의 다른 생산양식에 따라 국제관계는 얼마든지 달라질 수 있다고 봤다. 이러한 점에서 현실주의는 국가단위에만 집중할 뿐 국제체제를 고려하지 않은 분석이라고 비판했다. 영국의 정치학자 앤드루 링클레이터(Andrew Linklater)는 주권국가 중심의 베스트팔렌 체제를 넘어서야 한다며, 유럽연합(EU)의 형성과 발전을 진보적이고 해방적인 경향으로 평가한다. 마르크스주의에서 말하는 국제정치 영역의 해방은 도덕적 경계확장이 필요하다는 개념이다. 현재 사람들의 책임과 의무감의 범위는 주권국가 내에서의 의미가 강하다. 이것이 국가를 벗어나 세계적 단위로 확장됐을 때는 윤리의식과 도덕성이 약화될 수밖에 없다. 결국 국가 경계를 허물고 세계시민으로서 동등하게 느낄 수 있는 방향으로 나아가는 길만이 유일한 해법이 된다.

마르크스주의 : 국제관계 속 생산력·생산관계 모순 초점
그람시주의 : 지배층에 반기 드는 대항 헤게모니 대안 제시
비판이론 : 기존 질서에 도전, 해방적 변화 과정 분석

05

종속이론

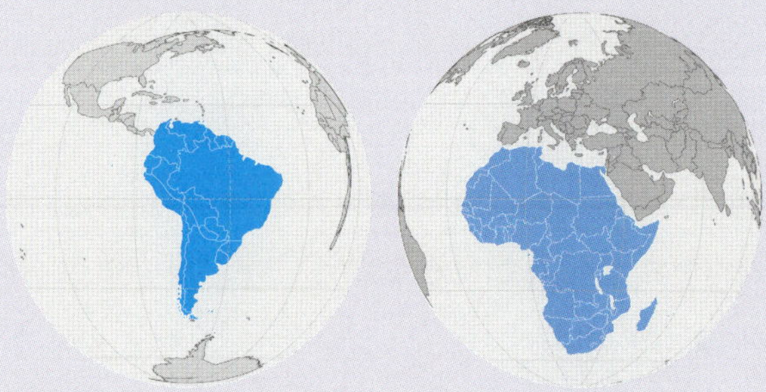

종속이론은 제2차 세계대전 이후 남아메리카와 아프리카는 왜 저발전이 지속되고 있는가에 대한 의구심에서 출발했다. 후기식민주의와 탈식민주의적 접근으로, 제국주의 국가로부터 경제적 착취와 인종차별을 당한 사람들의 관점에서 국제정치를 이해하려는 시도였다. 이들은 서구의 경제발전 이론은 자국에 적합하지 않다고 판단했고, 새로운 이론적 틀을 만들려고 노력했다. 종속이론은 여러 국가들이 식민지에서 독립은 했지만 경제는 여전히 종속상태에 놓여있다고 진단한다. 결국 선진국에게 세계적 불평등에 대한 도덕적 책임이 존재한다는 것이다.

종속이론은 주로 남아메리카와 아프리카계 미국 지식인들에 의해 제기됐다. 대표적으로 국제연합(UN) 산하 라틴아메리카카리브경제위원회(ECLAC), 아르헨티나의 경제학자 라울 프레비시 등이 있다. 1948년 ECLAC는 서구식 수출주도형 성장론에 대항해 국유화, 수입대체 공업화를 정당화하는 이론을 펼쳤다. 수입대체 공업화는 외국에서 수입하던 상품을 국내에서 직접 생산하려는 정책이다. 1964년 UN 무역개발회의(UNCTAD)에서는 프레비시 보고서가 제출됐다. 해당 보고서는 관세 및 무역에 관한 일반협정(GATT) 체제가 개발도상국에서 불리함을 지적하고, 새로운 국제무역기구의 설립 및 무역 특혜 등이 필요하다고 지적했다. 이를 통해 개도국의 연평균 경제성장률을 5%까지 끌어올려 세계적 불평등을 해소하자고 했다.

종속이론의 주장이 100% 틀린 것이 아니다. 실제 선진국들은 자유시장이 아니라 보호무역을 기반으로 막대한 부를 축적했다. 시장에 대한 통제력 행사는 기본이고, 특정 산업 분야를 육성하기 위한 세금 투입과 정책 지원이 이뤄졌다. 그러나 개발도상국들에게는 자신들이 취했던 방식을 절대 허락하지 않는다. 이 같은 행태를 대한민국의 경제학자 장하준 교수는 '사다리 걷어차기'라고 명명했다. 선진국들이 보호무역이라는 사다리를 타고 먼저 올라가 후진국들이 뒤따라오지 못하게 걷어찼다는 논리다. 세계무역기구(WTO), 세계은행(WB), 국제통화기금(IMF) 등을 선전국과 후진국의 불평등 해소를 방해하는 주범으로 여겨진다.

1960년대 제3세계는 미국과 소련의 냉정구도에 휘말리지 않고 중립을 표방했다. 제3세계는 식민지에서 해방된 라틴아메리카, 아프리카, 아시아 대륙의 신생국 그룹을 일컫는 말이다. 1952년 아시아·아랍 12개국 회의, 1954년 인도와 중국의 평화 5원칙선언, 1955년 4월 반둥회의를 거쳐 하나의 국제정치 세력으로 발전했다. 이때에 발맞춰 종속이론은 1960년부터 1970년대까지 크게 유행했다. 하지만 1980년대 제3세계 부채위기 및 1990년대 지속적 경기침체를 맞이하면서 힘을 상실했다. 특히 한국, 대만, 홍콩, 싱가포르 등 식민 지배를 받았던 아시아 국가들이 고도성장을 이뤄내면서 이론적 위상을 완전히 잃어갔다.

종속이론은 구조주의와 신마르크스주의로 계열로 나뉘어 발전해 왔다. 그런 이유에서인지 학자들마다 연구범위, 문제인식, 해법 등이 다양하며 완전히 일치되는 것이 없다. 종속이론은 치명적 문제점을 갖고 있기도 하다. 일단 세계자본주의 체제로 편입되면서 발생한 착취 구조에 대한 인식은 같으나 국내적인 요인에 대한 설명이 많이 부족하다. 아시아와 라틴아메리카·아프리카의 결정적 차이는 정치인들의 부정부패, 관료적 권위주의 등 내부 문제에 있다는 목소리가 나오고 있기 때문이다. 또한 핵심 개념인 종속의 정의는 명확한 합의가 이뤄지지 않았고, 종속 탈피를 위한 뾰족한 해법 역시 제시하지 못하고 있다. 국제정치이론에서 종속이론은 시작은 창대했으나 끝은 미약해져 버렸다고 평가할 수밖에 없는 이유다.

<종속이론>
남아메리카·아프리카 저발전 지속 의구심
식민지는 독립, 경제는 종속 → 선진국 도덕적 책임
한국·대만·홍콩·싱가포르 고도성장 → 이론적 위상↓

06

국제정치의 역사

정치는 생물이라는 말을 많이 쓴다. 국제정치 역시 영원한 동지도, 영원한 적도 없다. 국가 간의 관계는 불변하는 것이 아니라 언제든지 변화할 수 있다. 이러한 점에서 국제관계의 역사적 흐름을 이해하는 것은 매우 중요하다. 영국의 역사가 존 로버트 실리(John Robert Seeley)는 "역사는 과거의 정치이고, 정치는 현재의 역사"라고 말했다. 실제 과거의 정치적 사건들은 그 시대에만 국한되는 것이 아니라 현재의 국제질서를 분석하는데 탁월한 통찰력을 제공한다.

국제정치에서 가장 중요한 행위자는 주권 국가이다. 주권 국가의 개념은 베스트팔렌조약으로부터 나왔다. 1617년 합스부르크 가문의 페르디난트 2세가 보헤미아 국왕으로 즉위한 뒤 가톨릭 신앙을 강요했다. 보헤미아와 오스트리아의 개신교 귀족들은 반란을 일으켰고 30년 전쟁이 발발했다. 이어 덴마크, 네덜란드, 스웨덴, 프랑스, 에스파냐 등이 참전하면서 국제전으로 확대됐다. 1648년 유럽 국가들은 베스트팔렌의 오스나브뤼크에 모여 평화조약을 체결했다. 그 결과 로마 가톨릭교회와 신성로마제국의 지배력이 붕괴되고, 국가 간의 세력 균형으로 유럽 질서가 유지되는 체제가 확립됐다.

제1차 세계대전은 최초의 현대전이자 총력전으로 평가된다. 19세기 유럽 강대국들은 군사동맹을 통해 힘의 균형을 유지하려고 했다. 1882년 독일의 총리 오토 폰 비스마르크는 오스트리아-헝가리 제국, 이탈리아와 삼국동맹을 결성한다. 이에 대항해 1907년 영국, 프랑스, 러시아는 삼국 협상을 형성한다. 이렇게 국제적 긴장 관계가 높아지는 가운데 1914년 6월 28일 보스니아의 사라예보에서 오스트리아-헝가리 제국 황태자 부부가 세르비아인에 의해 암살당한다. 7월 28일 오스트리아-헝가리 제국이 세르비아를 침공하면서 전쟁이 시작된다. 영국은 독일에 대한 해상봉쇄 작전을 펼쳤고, 독일은 무제한 잠수함 작전으로 맞섰다. 이때 미국 상선이 격침당하면서 참전이 결정된다. 1917년 2월 연합국 진영의 러시아에서는 혁명이 일어나 차르 정부가 무너졌고, 윌슨 미국 대통령은 1918년 1월 14개조평화원칙을 발표해 다른 국가들의 동요를 막았다. 그 결과 1919년 9월 불가리아, 10월 오스트리아·오스만투르크, 11월 독일이 항복하고 휴전에 합의하면서 전쟁이 마무리됐다. 1919년 1월 18일 파리평화회의에서는 패전국에 대한 책임, 유럽의 영토 조정 등 전후 체제가 협의된다. 민족자결주의와 집단안전보장 원칙이 강조됐고, 국제연맹(LN)이 설립되게 된다. 그러나 제안국인 미국이 참여하지 않았고, 독일·소련도 받아들이지 않았다. 1919년 6월 28일 연합국과 독일은 베르사유조약을 체결한다. 해당 조약은 독일의 식민지 상실, 알자스·로렌 프랑스 양도, 군비 축소, 배상금 지불 등이 담겼다. 독일 국민에게 매우 가혹한 처사였고, 결과적으로 새로운 국제 대립이 발생하는 빌미가 됐다.

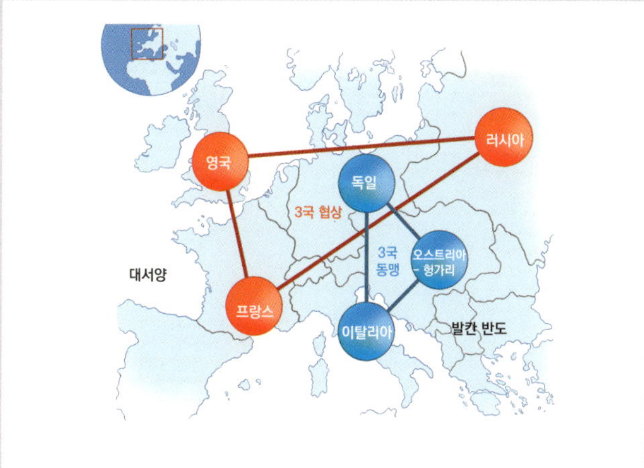

제2차 세계대전은 독일, 이탈리아, 일본 등 주축국과 영국, 프랑스, 미국, 소련, 중국 등 연합국 사이에 벌어진 전쟁이다. 이때까지만 해도 미국과 소련의 관계가 그렇게 나쁘지만은 않았다. 1939년 9월 1일 독일의 폴란드 침공이 이뤄졌고, 영국과 프랑스가 대독 선전 포고에 나선 것이 시작이다. 전선은 유럽, 아시아, 북아프리카, 태평양 등으로 확대됐고, 인류 역사에서 가장 큰 인명과 재산 피해를 낳았다. 일본은 1941년 12월 7일 진주만을 공격했고, 당초 고립주의적 입장을 취하던 미국이 참전하는 계기가 됐다. 연합국은 미국의 미드웨이 해전, 소련의 스탈린그라드 전투 등에서 승리를 거두면서 이탈리아, 독일, 일본의 항복을 이끌어 냈다. 카이로회담, 얄타회담, 포츠담회담 등에서는 전후 처리에 대한 논의가 진행됐고 1945년 10월 24일 승전국을 중심으로 국제연합(UN)이 만들어졌다. 미국, 영국, 프랑스, 소련, 중국은 상임이사국을 맡고 거부권을 행사할 수 있는 막강한 권한이 부여됐다. 이들의 결의가 총회의 결의보다 우선하면서 국가 간 이기주의가 심화됐다. 영국의 역사학자 에드워드 핼릿 카(Edward Hallett Carr)는 '20년간의 위기'에서 이상주의의 근거 없는 낙관주의가 정치를 혼란스럽게 만들어 제1·2차 세계대전의 원인이 됐다고 비판했다.

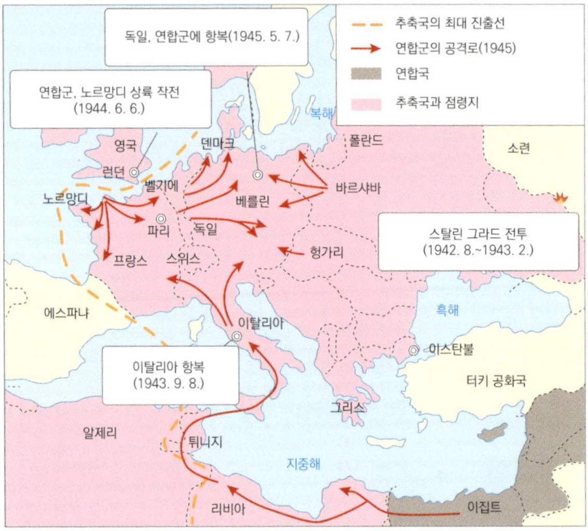

세계는 미국 중심의 자본주의 진영과 소련 중심의 공산주의 진영으로 다시 재편됐다. 소련은 동유럽지역을 공산화시켰고, 미국·영국은 소련의 팽창정책에 우려를 표했다. 1947년 3월 트루먼 미국 대통령은 그리스와 터키 반공정부에 경제적·군사적 원조가 제공하는 트루먼 독트린을 발표했다. 미국은 1948년 4월부터 1951년 말까지 서유럽의 공산화를 막기 위해 대규모 경제원조 계획인 마셜 플랜을 실행했다. 1949년 미국·영국 등은 북대서양조약기구(NATO)를, 1955년 소련·동구권은 바르샤바조약기구(WP)를 설립해 집단안보체제를 확립한다. 미국과 소련이 직접 전쟁을 벌인 적은 없으나 양측의 군사동맹, 핵무기, 군비경쟁, 대리전 등이 활발하게 전개됐다. 주요 분쟁으로는 베를린 봉쇄, 6·25 전쟁, 쿠바 미사일 위기, 베트남 전쟁 등이 있다. 1970년대에는 냉전의 긴장이 완화되는 데탕트 시대에 접어든다. 1969년 리처드 닉슨 미국 대통령은 닉슨독트린을 발표했다. 미국은 베트남에서 군대를 철수하고, 중국과 국교를 수립하는 조치를 단행했다. 1985년 3월 미하일 고르바초프 소련 서기장은 페레스트로이카(개혁)·글라스노스트(개방)를 표방하고, 시장경제 체제 도입 및 동유럽 불간섭을 선언한다. 1989년에는 폴란드, 헝가리, 불가리아, 체코 등 동구권에서 혁명으로 공산정권이 붕괴됐다. 그렇게 1991년 12월 25일 고르바초프가 서기장을 사임하면서 소련은 공식적으로 해체됐다.

베스트팔렌조약 : 국제정치에서 주권 국가 개념 확립
제1차 세계대전 : 최초의 현대전·총력전 평가
제2차 세계대전 : 역사상 가장 큰 인명·재산 피해
미국 중심 자본주의 진영 VS 소련 중심 공산주의 진영 재편
1991년 12월 고르바초프 서기장 사임, 소련 공식 해체

07

국제금융·무역질서

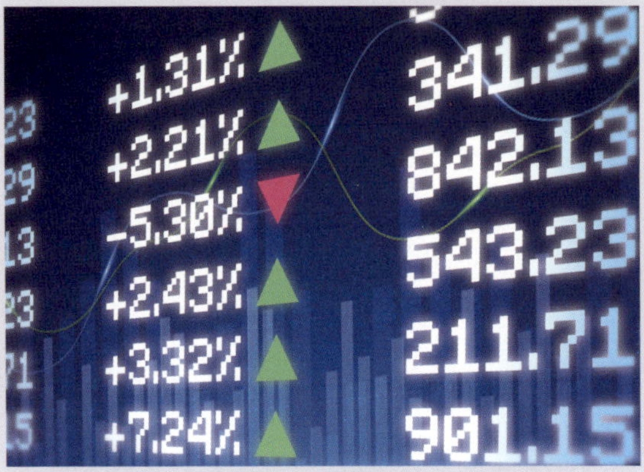

이제 전 세계 시장에서 국경의 개념은 사라졌고, 누구나 상품을 손쉽게 사고팔 수 있다. 이는 자유시장경제체제가 확산되면서 재화·서비스·자본 등의 국제적 이동이 빠르게 증가했기 때문이다. 지금은 너무도 자연스러운 일상이지만 세계 경제의 통합이 단번에 이뤄진 것은 아니다. 모든 국가에서 통용되는 결제수단이 필요했고, 처음에는 국제 금융거래를 위한 금본위체제 시대가 열렸다. 금본위체제는 통화의 가치를 금의 가치에 연계시키는 화폐제도다. 그러나 유럽 국가들은 1·2차 세계대전 비용을 충당하기 위해서는 더 이상 금본위체제를 유지할 수 없게 됐다. 그렇게 각국들은 변동환율제를 도입했지만 통화가치가 극도로 불안정해지면서 경기침체, 인플레이션 등 문제에 직면했다.

제2차 세계대전이 끝날 무렵 미국은 전후 국제금융질서 확립에 나섰다. 1944년 7월 연합국 44개국은 미국 달러화를 기축통화로 하는 브레턴우즈체제를 합의한다. 금 1온스를 35달러로 하고, 다른 나라의 통화는 달러에 고정시켰다. 또한 국제통화기금(IMF)과 국제부흥개발은행(IBRD)을 설립했다. 그러나 1960년대 미국이 베트남 전쟁에 개입하면서 달러 가치가 급락했고, 많은 국가들이 화폐를 금으로 교환을 요구했을 때 받을 수 있는지 의심하기 시작했다. 미국이 보유하고 있는 금보다 더 많은 달러를 찍어냈다고 봤기 때문이다. 실제 프랑스는 미국 달러를 모두 금으로 바꾸려는 시도를 했고, 1971년 8월 15일 미국은 금태환 정지를 선언했다. 이렇게 브레턴우즈체제는 막을 내렸고 킹스턴 체제가 열린다. 1976년 11월 자메이카 킹스턴에서 IMF 잠정위원회에서는 달러와 금의 관계를 단절하고, 회원국이 변동환율제와 고정환율제를 자유롭게 선택할 수 있도록 결정했다. 추가적인 보완책으로는 IMF에 특별인출권(SDR)이 만들어졌다. 금의 생산량에는 한계가 있고, 달러의 공급 증가가 각국의 신뢰도를 떨어뜨리고 있다는 인식에서 나온 국제준비통화이다. 회원국은 출자 비율에 맞춰 SDR을 배분받고, 담보 없이 보유한 규모 내에서 외화를 인출할 수 있는 권리를 갖는다. 준비통화는 달러화, 엔화, 유로화, 파운드화, 위안화 등 5개로 이뤄져있다.

브레턴우즈체제 : 금 1온스=35달러, 다른 나라 통화 달러에 고정
1960년대 미국 베트남 전쟁 개입 → 달러 가치 급락
1971년 8월 15일 미국의 금태환 정지 선언
킹스턴체제 : 달러와 금의 관계 단절, 변동·고정환율제 선택

IMF는 우리나라 사람들에게는 매우 익숙한 국제기구다. 1997년 외환위기 당시 195억 달러의 구제금융을 받고, 국가경제 구조조정이 이뤄졌기 때문이다. IMF의 주요 업무는 환율, 국제 수지 등 국제 금융 체계를 감독하는 것이 핵심이다. 회원국의 요구가 있을 시 금융·기술 지원을 한다. IBRD는 저개발국가에 자금을 지원하고 개발계획의 수립·집행을 자문해 준다. 이어 국제금융공사(IFC), 국제개발협회(IDA), 국제투자분쟁해결본부(ICSID), 국제투자보증기구(MIGA)가 만들어졌고 5개 기구를 합쳐 세계은행(WB) 그룹이라고 부른다.

국제무역 협정의 시초는 관세 및 무역에 관한 일반협정(GATT) 체제이다. 1947년 스위스 제네바에서 23개국이 관세 철폐와 무역 증대를 동의했고, 1995년 세계무역기구(WTO) 체제로 넘어가기 전까지 120여 개국이 가입했다. GATT는 회원국끼리는 최혜국대우가 원칙이었다. 모든 국가에 동일하게 가장 낮은 관세 제한이 적용돼야 한다는 것이다. 그러나 1970년대 브레턴우즈체제가 무너지면서 보호주의무역이 다시 확산되기 시작했다. 세계는 무역질서를 바로잡기 위해 우루과이라운드에서 WTO 창설에 합의했다. WTO는 기존 체제에서 다루지 않았던 서비스·지적재산권 등으로 자유무역의 범위가 확대됐고 무역분쟁 조정, 관세인하 요구, 반덤핑 규제 등 준사법적 권한이 부여됐다. 이렇게 IMF, WB, WTO는 현재 3대 국제경제기구로 확고히 자리 잡게 됐다.

국제통화기금(IMF) : 환율·국제수지 등 국제 금융 체계 감독
세계은행(WB) : 경제 개발·빈곤 문제 해결 자문·지원 담당
세계무역기구(WTO) : 서비스·지적재산권 등 자유무역 확대

08

국제법

국제사법재판소

국제법은 국제사회 행위자들의 이해관계를 규율하는 규범이다. 국제법의 위상은 국제무역과 교류가 증가하면서 높아졌고, 가급적이면 존중되는 추세다. 그러나 국제법은 국내법과 달리 별도의 입법기관이 존재하지 않고, 국가의 서명과 비준이 없으면 효력 자체가 발생하지 않는다. 국제 분쟁이 발생하더라도 당사국 모두의 동의 없이는 재판이 진행되지 않고, 법을 집행할 강제적인 절차도 없다. 사실상 국제법은 완전한 법률이라고 규정짓기에는 불완전한 점이 많다.

〈국제법〉
국제사회 행위자 이해관계 규율하는 규범
해당 국가의 서명·비준이 없으면 효력X
별도의 입법 기관X, 법 집행 강제 절차X

국제법의 종류는 조약, 국제연합(UN) 헌장, 국제 관습법 등이 있다. 조약의 주체는 원칙적으로 국가가 되지만 예외적으로 국제기구, 교전단체 등이 체결할 수 있다. 통상 조약은 당사국들만 법적으로 구속되므로, 제3국에 효력이 미치지 않는다. 국제적 합의에 중대하게 반할 경우 완전히 무효화될 수 있고, 언제든지 합의를 통해 변경·종료할 수 있다. 당사국 수별로는 양자조약·다자조약으로 구분되며, 제3국의 가입 허용 여부에 따라 개방조약·폐쇄조약으로 나뉜다.

국제기구에서는 국제사회의 보편적 규범을 규정하고 있다. UN 헌장은 서문과 19장 111조로 구성돼 있다. 국제평화 및 안전 유지, 여러 국가 간 우호관계 발전, 인도적인 문제 해결을 위한 국제협력 등이 핵심이다. 특히 어떠한 분쟁이 국제평화와 안전의 유지를 위태롭게 할 우려가 있는 경우 분쟁의 당사자는 우선 교섭·심사·중개·조정·중재재판·사법적 해결 등 평화적 수단에 의한 해결을 하도록 명시돼 있다. 이때 안전보장이사회는 적절한 조정절차를 권고할 수 있다. UN 산하에는 국제사법재판소가 존재하지만 재판에 대한 강제적 관할권이 없다.

국제 관습법은 국가 간 암묵적 합의로 법 규범이 확립된 경우다. 일반적으로 조약과 달리 체결이 불필요하고, 모든 국제사회 행위자들이 준수하는 사항이다. 대표적으로 실효적 지배, 외교관의 면책특권 등이 있다. 실효적 지배는 영토 분쟁 시 국민 거주, 행정 행위 등 실제 통치하고 있는 주체를 인정하는 것이다. 일본은 독도를 영토 분쟁 지역이라며 국제사법재판소의 판단이 필요하다고 주장하지만 우리나라가 실효적 지배를 하고 있기 때문에 응할 이유가 없다. 외교관의 면책특권은 외교관계에 관한 비엔나 협약에 의거해 일체의 형사 재판 관할권으로부터 면제되며, 특별한 경우를 제외하고 민사 재판 관할권에도 적용된다. 대신 각국은 아그레망(외교사절에 대한 사전 동의)을 통해 외교사절을 임명하기 전에 상대국에서 이의가 있는지를 조회한다. 또한 특정 외교관에 대한 페르소나 논 그라타(외교적 기피인물)를 선언할 수 있다. 이 경우 외교관을 소환하거나 외교관직을 박탈하는 것이 관례이다. 캐나다는 2023년 5월 8일 자국 정치인을 사찰했다는 의혹을 받는 주토론토 중국영사관 소속 자오웨이를 페르소나 논 그라타로 지정 후 추방했다.

조약 : 당사국만 법적 구속, 언제든 변경·종료 가능
국제연합(UN) 헌장 : 국제평화, 안전 유지, 인도적 문제 해결 등 핵심
국제 관습법 : 영토 실효적 지배, 외교관 면책특권 등 암묵적 합의

국제 평화 유지와 전쟁 방지를 위한 국제적 합의도 있다. UN 헌장상 정당한 무력사용은 두 가지 경우만 해당된다. 회원국에 대해 무력공격이 발생한 경우 안전보장이사회가 국제평화와 안전을 유지하기 위해

필요한 조치를 취할 때까지 개별적 또는 집단적 자위의 고유한 권리는 침해되지 않는다. 또한 안전보장이사회가 국제평화와 안전의 유지 또는 회복에 필요한 공군·해군 또는 육군에 의한 조치를 취할 수 있다.

국제법상 전쟁범죄에 대한 처벌 역시 가능하다. 전쟁범죄는 전쟁 중에 일어나는 반인도적 범죄를 말한다. 제네바 협약은 부상병·조난자·포로·일반 주민 등 보호를 규정하고 있다. 전시 국제법을 따르지 않는 군인은 형사 재판 및 처벌 대상이 된다. 국제형사재판소는 집단살해죄, 전쟁범죄, 반인도적 범죄를 저지른 개인을 형사 처벌하기 위해 만들어졌다. 이는 제2차 세계대전 이후 설립에 대한 논의가 꾸준히 이뤄졌으나 냉전 국면에 접어들면서 무산됐다. 그러나 1990년대 르완다와 보스니아에서 인종학살사태가 일어나자 관심이 다시 높아졌고 2002년 7월 1일에 끝내 발족됐다.

<정당한 무력사용의 조건>

① 무력공격 발생 시 개별적·집단적 자위권

② 안전보장이사회의 국제평화·안전 유지 조치

09

국제안보

vs

북대서양조약기구(NATO) 상하이협력기구(SCO)

안보는 국가의 영토보전과 독립을 위협하는 대상으로부터 안전을 보장하는 것을 말한다. 영국의 정치학자 배리 부잔(Barry Buzan)은 "안보 논쟁은 위협으로부터의 자유에 관한 것이다. 국제체제의 맥락에서는 국가와 사회가 독립적 정체성과 기능을 유지하는 능력에 관한 것이 된다"라고 정의했다. 객관적으로 안보는 외부로부터의 위협 정도, 주관적으로는 공격에 대한 두려움의 상태를 의미한다. 과거에는 오로지 군사적 측면만이 강조돼왔다면 이제는 정치, 경제, 사회, 환경 등을 모두 포함하는 개념으로 확대됐다.

안보에 대한 접근은 국제정치 이론마다 관점의 차이가 있다. 현실주의에서는 국제정치는 신뢰의 부재로 지속적인 안보 불안에 시달릴 수밖에 없다고 본다. 이러한 관점에서 동맹이나 협정을 체결하더라도 상대방이 속임수를 쓸 가능성을 배제할 수 없기 때문에 평화와 안정은 달성할 수 없다. 결국 군사력을 증가시켜야 하는 안보딜레마 상태에 빠지고, 안보 위협의 근본 원인이 된다. 이상주의는 현실주의의 지적을 완전히 부정하지는 않는다. 다만 국제제도가 안보경쟁 위험을 감소시키고 협력할 수 있는 유인을 제공할 수 있다고 생각한다. 구성주의는 현실주의에서 주장하는 무조건적인 힘의 논리에 반대한다. 대신 국가 간 신뢰를 높이고, 전쟁을 하지 않는다는 생각의 공유를 통해 안보 문제를 해결할 수 있다고 주장한다.

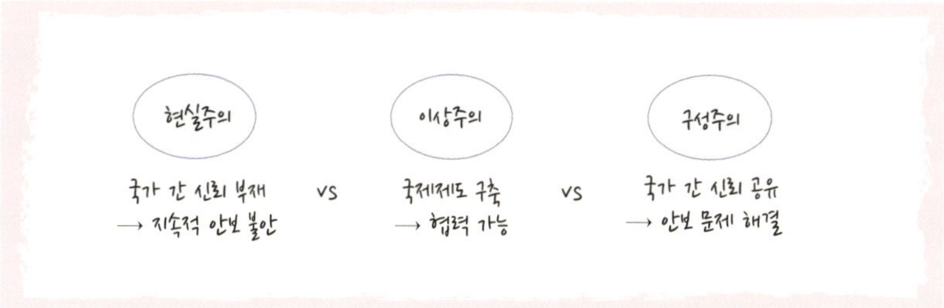

현존하는 최대의 집단방위기구는 북대서양조약기구(NATO)이다. 1949년 미국, 캐나다, 유럽 10개국 등이 참여해 발족했다. 2024년 1월 기준 NATO는 31개 회원국이 가입해 있다. NATO 조약은 회원국 일방에 대한 공격을 전회원국에 대한 공격으로 간주하고 집단적 조치를 취하는 것이 핵심이다. 2022년 2월 러시아가 우크라이나를 침공하면서 군사적 중립 노선을 지켜온 핀란드와 스웨덴이 가입 신청서를 냈고, 2023년 4월 핀란드는 31번째 회원국이 됐다. NATO의 가입조건은 북대서양 지역의 안보에 기여할 수 있는 위치에 있는 유럽 국가라면 누구나 가입 가능하다. 그러나 모든 동맹국이 합의한다는 전제가 있다.

당초 공산주의 진영의 집단안보체제인 바르샤바조약기구는 소련의 붕괴와 함께 해체됐다. 그러나 반서방 연대가 완전히 없어진 것은 아니다. 1996년 4월 26일 중국, 러시아, 카자흐스탄, 키르기스스탄, 타지키스탄이 상하이 5국을 만들었다. 2001년 6월 우스베키스탄이 합류하면서 상하이협력기구(SCO)로 개편됐다. 2017년 6월에는 인도·파키스탄, 2023년 7월에는 이란이 가입하면서 몸집을 키우고 있다. SCO는 유라시아의 안전 보장을 목표로 정치, 경제, 군사, 문화 등에서 협력을 강화하고 있다. 사실상 NATO를 대항하기 위한 중국·러시아 주도의 집단안보체제로 여겨진다.

북대서양조약기구(NATO) : 미국·유럽 등 현존 최대의 집단방위기구
상하이협력기구(SCO) : 중국·러시아 주도의 집단안보체제

최근 국제안보에서 다시 각광받고 있는 분야는 지정학이다. 지정학은 국제관계학과 정치지리학의 결합으로 국가의 지리적 위치가 정치, 경제, 안보 등에 미치는 영향을 연구한다. 기본적으로 세계 또는 지역 패권에서의 세력균형을 통해 국제질서를 유지하려는 현실주의적 사고에 기반하고 있다. 한때 독일의 나치가 전쟁을 정당화하기 위해 지정학적 위치를 강조하면서 위험한 학문으로 인식되면서 도외시됐으나 냉전

이후 다시 연구되기 시작했다. 현재는 우크라이나, 남중국해, 중동 등 세계 곳곳에서 긴장이 높아지고 무력 충돌이 이어지면서 중요한 분석의 틀로 사용되고 있다.

10

국제연합

국제연합(UN)은 제2차 세계대전 이후 전쟁 방지와 평화 유지를 위해 설립된 국제기구이다. 창립 당시 회원국은 51개, 2023년에는 193개국이 가입해 있다. 인류 역사상 가장 큰 규모와 역할을 지닌 국가 간 연합체다. 회원국은 헌장에 규정된 의무를 준수해야 하며, 가입 시에는 안전보장이사회의 심사를 거치고, 총회에서 3분의 2 이상의 찬성을 얻어야 한다. 주요 기구로는 총회, 안전보장이사회, 경제사회이사회, 국제사법재판소, 사무국 등이 있다.

총회는 모든 회원국이 모이는 UN의 최고기관으로, 매년 9월 셋째 화요일에 열린다. 각국마다 동등하게 한 표의 투표권이 주어진다. 중요 안건은 3분의 2 이상, 일반안건은 과반수 찬성으로 의결된다. 모든 활동과 산하기구에 대한 심의·권고, 재정문제, 비상임이사국 선출권 등을 결정한다. 안전보장이사회는 미국, 영국, 러시아, 중국, 프랑스 등 5개 상임이사국과 10개의 비상임이사국으로 구성된다. 상임이사국은 거부권을 행사할 수 있는 막강한 권한이 존재한다. 비상임이사국은 임기 2년인데 아시아 2개국, 아프리카 3개국, 중남미 2개국, 동유럽 1개국, 서유럽·기타 2개국에서 맡는다. 심각한 사안의 경우 총회의 권고보다 강력한 구속력이 있는 결정을 내릴 수 있다. 국제분쟁에 대해 정황을 조사할 수 있고 평화적 해결을 권고하고, 침략국가에 대해 제재를 가할 수도 있다.

경제사회이사회는 경제·사회·문화·인권 등 안건을 다루며 총회,

UN 회원국, 관계전문기구에 권고를 할 수 있다. 이사국은 총회에서 선출된 54개국으로 구성돼 있으며, 모든 결정은 과반수 찬성으로 결정된다. 국제사법재판소는 15명의 재판관이 있으며, 임기는 9년에 중임이 가능하다. 일방적인 한쪽 당사자의 청구만으로는 재판이 성립되지 않는다. 그러나 판결은 구속력을 갖고, 이행되지 않으면 안전보장이사회가 상응하는 조치를 취할 수 있다. 사무국은 사무총장이 수장이며 상설기관이다. 사무총장은 총회에서 임명되며 통상적으로 중립국이 맡는다. 임기는 5년이며, 중임할 수 있다.

UN의 재정은 회원국의 분담금, 특별기부금, 기타 사업수익 등으로 운영된다. 정규사업 예산은 2년마다 총회의 승인을 받아야만 한다. 각국의 분담금 비율은 지불능력과 수혜 정도를 고려해 결정한다. 그러나 특정 국가가 연간예산액의 25% 이상을 분담해서는 안 되는 상한선과 0.02% 이하여서는 안 되는 하한선이 존재한다. 분담금 연체금액이 만 2년간 부담해야 할 금액 이상일 경우 총회에서 투표권을 상실한다. 다만, 회원국이 분담금 지불을 할 수 없는 특별한 사정에 놓여있는 것이 인정될 경우 투표가 허용된다.

국제연합(UN) : 193개국 가입, 역사상 가장 큰 국가 간 연합체
총회 : 모든 회원국 참여 회의, 매년 9월 셋째 화요일 개최
안전보장이사회 : 미국·영국·러시아·중국·프랑스 등 5개 상임이사국, 10개의 비상임이사국 구성

국제정치에서 주요 선진국 모임의 영향력은 UN만큼 막강하다. G7은 미국, 영국, 프랑스, 독일, 일본, 이탈리아, 캐나다 등 7개국의 모임이다. 1973년 1차 오일쇼크 대책 마련을 위해 미국, 영국, 프랑스, 서독, 일본 재무장관이 만난 것으로부터 출발했다. 1975년 2차 오일쇼크 이후 정상회의로 격상됐다. 매년 정상회담과 재무장관회의를 연다. 정상회담은 1년에 한 차례 각국 대통령과 총리가 참여한다. 재무장관회의는 재무장관과 중앙은행 총재가 1년에 2~3번 정도 모여 경제정책 협력을 논의한다.

G20은 G7, 유럽연합(EU) 의장국, 신흥시장 12개국 등 주요 20개국이 회원이다. 1999년 12월 독일 베를린에서 재무장관과 중앙은행 총재가 참여하는 첫 회의가 열렸다. 2008년 글로벌 금융위기를 계기로 정상급 회의로 승격됐다. 회의는 연 1회 개최되며, 경제 현안과 협력 등이 안건으로 다뤄진다. 국제통화기금(IMF), 세계은행(IBRD), 유럽중앙은행(ECB), 국제통화금융위원회(IMFC)는 옵서버 자격으로 참가한다. 옵서버는 정식 구성원은 아니나 참관이 허용된 국가, 단체, 사람을 말한다.

G7 : 미국, 영국, 프랑스, 독일, 일본, 이탈리아, 캐나다 등 7개국 모임
G20 : G7, 유럽연합(EU) 의장국, 신흥시장 12개국 등 20개국 모임

11

지역주의

지역주의는 국제정치에서 흔히 나타나는 현상이다. 지리적으로 인접한 국가들이 하나의 협의체를 구성해 경제 협력에 나서고, 국제정치적 입지를 강화하기 위한 목적이다. 지역협의체는 다양한 형태가 존재하지만 자유무역, 관세철폐, 공동시장, 화폐동맹 등 경제통합이 우선 고려된다. 유럽·아시아·아메리카·아프리카 등 대륙별 지역기구들이 존재하고, 보다 더 확장된 개념의 블록화를 추구하는 경우도 있다.

유럽연합(EU)은 2024년 1월 기준 27개국이 참여하고 있으며, 단순한 지역기구를 넘어 새로운 형태의 정치 · 경제 통합체로 평가받는다. EU의 기원은 1951년 유럽석탄철강공동체(ECSC)와 1957년 유럽경제공동체(EEC) · 유럽원자력공동체(EURATOM)이다. 프랑스, 독일, 이탈리아, 벨기에, 네덜란드, 룩셈부르크 등 참여 회원국들은 농업 · 운송 협력을 시작으로, 역내관세철폐 · 공동역외관세 정책으로 나아갔다. 1967년 7월 세 기구를 유럽공동체(EC)로 합치고, 1979년 6월 최초로 유럽의회 선거를 실시했다. 1993년 11월 마스트리히트 조약을 맺고, 화폐 및 정치동맹을 추진했다. 마침내 1994년 1월 EU가 탄생했다. 현재 유로화를 사용하는 회원국(유로존)은 20개국으로, 유럽중앙은행(ECB)이 통화 · 외환 · 거시경제정책을 통제한다.

EU는 독립된 주권 국가들의 연합체이지만 입법부 · 행정부 · 사법부 등 초국가적인 기능을 갖추고 있다. 유럽의회는 EU 회원국 시민들이 5년에 한 번 직접 선출하며, 의원은 705명이다. 유럽이사회(유럽정상회의)는 회원국 정상과 유럽연합집행위원회의 회의체로, 쟁점 안건에 대한 최종적인 논의가 이뤄진다. 유럽연합집행위원회는 정책과 법령 집행을 관리 · 감독 · 추진하는 기구다. 유럽사법재판소는 EU 조약 및 법률의 해석 · 적용을 담당한다. 재판관은 27명으로 구성돼 있으며. 회원국마다 1명을 임명한다. 임기는 6년으로 연임이 가능하다.

영국은 2020년 1월 31일부로 EU에서 탈퇴했다. 당시 영국(Britain)과 탈퇴(exit)를 합쳐 브렉시트(Brexit)라는 용어가 등장했다. 2015년 보수당은 총선에서 EU 잔류 여부를 묻는 국민투표를 공약으로 내걸었고 과반 의석을 획득했다. 데이비드 캐머런 총리는 난민 유입, 분담금 부담, 높은 규제 수준 등 내부 불만을 잠재우기 위해 국민투표를 실시했다. 그러나 예상과 달리 투표 결과는 탈퇴 51.9%, 잔류 48.1% 나왔고 캐머런 총리는 정치적 책임을 지고 사퇴했다. 앞서 영국은 1975년에도 EEC 잔류 여부에 대한 국민투표를 진행했는데 이때는 잔류 67.2%, 탈퇴 32.8%로 회원국 유지가 압도적이었다.

동남아시아국가연합(ASEAN)은 아시아를 대표하는 지역기구이다. 아세안은 라오스, 말레이시아, 미얀마, 베트남, 브루나이, 싱가포르, 인도네시아, 캄보디아, 태국, 필리핀 등 10개국이 회원국이다. 동남아시아 지역의 경제적·사회적 기반 확립이 목적으로 정상회담·각료회의 등 조직을 갖추고 있다. ASEAN+3 정상회의는 1997년 창설 30주년을 계기로 정상회의에 한국·중국·일본이 포함된다. 동아시아정상회의는 ASEAN+3 정상회의에 이어 개최되며, 오스트레일리아·뉴질랜드·인도·미국·러시아 등 18개국이 참여하고 있다.

아시아·태평양 지역을 아우르는 연합체도 증가하고 있다. 아시아태평양경제협력체(APEC)는 1993년 정상회의로 격상됐고, 경제성장과 번영을 목표로 21개국이 가입했다. 의사결정은 전원합의 방식이며, 이행 여부는 강제성을 두지 않는다. 포괄적·점진적 환태평양경제동반자협정(CPTPP)은 환태평양경제동반자협정(TPP)에서 미국이 탈퇴하면서 일본 주도로 출범시킨 경제 협정이다. 주요 협정내용은 역내 관세 철폐, 데이터 거래 활성화, 금융·외국인 투자 규제 완화 등으로 12개의 회원국이 참여하고 있다. 역내포괄적 경제동반자협정(RCEP)은 ASEAN 10개국과 한국, 중국, 일본, 호주, 뉴질랜드 등 15개국의 관세 철폐를 목표로 하는 자유무역협정이다. 인도·태평양경제프레임워크(IPEF)는 미국 주도의 경제협력체로 디지털 경제 및 기술표준, 공급망 회복, 탈탄소·청정에너지, 사회간접자본, 노동 기준 등 새로운 통상의제에 공동 대응하기 위한 목표를 갖고 있다. IPEF는 중국 주도의 RCEP를 견제하기 위한 포석이라는 분석도 나온다.

아메리카에는 북미와 남미 중심의 협의체가 별도로 있다. 북미자유무역협정(NAFTA)은 1994년 미국·캐나다·멕시코 등 3개국이 체결한 자유무역협정이다. 그러나 2017년 8월 도널드 트럼프 미국 대통령은 NAFTA가 자국에 불리하다며 재협상에 나섰다. NAFTA는 발효된 지 24년 만에 사라지고, 2018년 9월 30일 미국·멕시코·캐나다 협정(USMCA)으로 대체됐다. 남미연합(UNASUR)은 2011년 남아메리카 12개국이 역내 정치·경제 통합을 위해 추진한 기구이다. 2018년부터 브라질, 아르헨티나, 칠레, 콜롬비아, 파라과이, 페루, 콜롬비아, 에콰도르, 우루과이 등이 탈퇴를 하면서 해체 위기에 놓여있다.

중동·아프리카에는 석유수출국기구(OPEC)가 가장 유명한 기구이다. 1960년 석유 수출국들의 이익을 위한 목적으로 형성됐으며, 석유 공급량과 유가를 조정하며 막강한 영향력을 행사하고 있다. 아랍연맹(AL)은 1945년 3월 반이스라엘을 표방하며, 중동의 평화와 안전을 확보하기 위해 만든 단체다. 각국은 연맹협의회에서 1표씩 행사할 수 있으며, 결정된 사안은 찬성국에만 구속력을 있다. 아프리카연합(AU)은 55개국으로 구성된 기구로, EU를 모델로 정치·경제연합체를 지향한다. 단일 의회, 단일 통화, 집행위원회 구성 등을 위해 노력하고 있지만 일부 지역 강국들의 소극적인 태도를 보이고 있다. 이슬람협력기구(OIC)는 1969년 이슬람 국가들의 연대와 이익을 위해 설립됐고, 회원국은 57개국으로 이슬람 단체 중 가장 큰 규모다. 1979년에는 예루살렘을 팔레스타인의 수도로 선포하기도 했다.

신흥경제 5개국을 일컫는 경제용어가 국제기구로 발전한 사례도 있다. 브릭스(BRICS)는 2001년 골드만삭스의 경제학자 짐 오닐이 브라질·러시아·인도·중국 등 2050년 세계 경제를 주도할 나라도 꼽은 국가들이다. 2010년 남아프리카공화국이 추가되면서 브릭(BRIC)이 BRICS가 됐다. 처음부터 공식적인 기구로 출발하진 않았으나 2009년부터 매년 정상회담을 열기 시작했다. 브릭스는 2023년 8월 24일 정상회의에서 사우디아라비아, 이란, 아랍에미리트, 아르헨티나, 이집트, 에티오피아 등 6개국의 가입을 승인했고 2024년 1월 1일부로 회원국이 11개로 확대될 예정이었다. 그러나 아르헨티나는 2023년 12월 취임한 하비에르 밀레이 대통령이 가입 반대 의사를 밝혔다. 사우디아라비아는 2024년 1월 16일 돌연 공식가입을 번복했다.

유럽연합(EU) : 27개국 참여, 정치·경제 통합체
아시아태평양경제협력체(APEC) : 21개국 가입, 경제성장·번영 목표
석유수출국기구(OPEC) : 석유 수출국 이익 위해 결성
브릭스(BRICS) : 브라질·러시아·인도·중국·남아프리카공화국

12

전쟁

냉전의 종식 이후 세계에는 평화의 시대가 찾아왔다. 일부 지역에서 무력충돌, 내전 등이 여전히 지속돼왔지만 주요 국가들이 전쟁에 직접 노출된 경우는 없었다. 그러나 미국의 패권이 약화되기 시작하면서 세계질서가 흔들리고 있다. 러시아-우크라이나 전쟁, 이스라엘-하마스 전쟁 등이 대표적인 사례다. 어쩌면 전쟁은 더 이상 우리와는 상관없는 얘기가 아닐지도 모른다. 영국의 군사이론가 바실 헨리 리델 하트(Basil Henry Liddell Hart)는 "평화를 원한다면 전쟁을 이해하라"라고 했고, 러시아의 혁명가 레온 트로츠키(Leon Trotsky)는 "당신은 전쟁에 무관심할 수 있으나 전쟁은 당신에게 관심이 있다"라고 말했다. 이들의 충고는 현재 국제정치 상황에 많은 시사점을 주고 있다.

전쟁은 국가 또는 군사단체에 의한 조직화된 폭력이다. 전쟁은 참여국의 수, 목적과 양상 등에 의해 다양한 종류로 나뉜다. 국제전은 두 개 이상의 주권국가 사이에 다양한 정치적 목적을 달성하기 위해 벌어진다. 내전은 하나의 주권국가 내에서 일어나는 전쟁을 말하지만 대부분 다른 국제정치 행위자들과 연관돼 있다. 총력전은 제1·2차 세계대전처럼 주권국가가 국력을 총동원해 싸우는 형태다. 제한전은 한정된 목적을 달성하기 위해 지역, 군사력 등을 제한적으로 사용한다.

독일의 군사이론가 카를 폰 클라우제비츠(Karl von Clausewitz)의 '전쟁론'은 전쟁 분야 최고의 고전으로 여겨진다. 이 책에서 가장 유명한 문구는 "전쟁은 다른 수단에 의해서 수행되는 정치의 연장에 불과하다"는 것이다. 전쟁에는 정치적 목적이 없을 수 없고, 군사적 목표는 정치적 목적에 따라 결정된다는 뜻이다. 결국 전쟁은 군인들이 완전히 독자적으로 수행하는 것이 아니라는 관점이다. 클라우제비츠는 전쟁을 열정, 기회, 이성이라는 세 가지 요소로 설명한다. 열정은 전쟁에서 살상을 하도록 하는 증오심, 기회는 날씨·군사작전 등 우연성, 이성은 정치지도자와 지휘관의 전략에서 나오는 합리성을 의미한다. 이것들이 정치의 발생 및 수행에 있어 가장 큰 영향을 미친다고 볼 수 있다.

국제정치에서 인도주의적 개입은 항상 논쟁거리다. 이는 한 국가에서 일어나는 집단 학살, 민간인 학대 등 잔혹한 사태가 발생했을 때 인권보호를 위해 국제사회가 무력행사에 나서는 것을 말한다. 기존에는 주권, 불간섭, 무력사용의 금지가 원칙이었으나 제2차 세계대전에서 유대인 대학살을 경험한 이후 인식이 변화했다. 옹호론자들은 국제연합(UN) 헌장상의 인권 존중과 인간으로서의 도덕적 의무를 강조한다. 이러한 흐름에 발맞춰 안전보장이사회 결의를 통한 군사적 개입이 국제규범으로 자리 잡았다. 대표적으로 1992년 12월 5일부터 1993년 5월 4일까지 안전보장이사회결의 제794호 결의에 따라 다국적 부대가 소말리아에 투입돼 작전을 수행하고 치안을 유지했다. 그러나 인권 유린을 중단시키는 데는 성공했지만 장기적 평화 구축에는 실패했다.

반대론자들은 인도주의 개입은 강대국의 논리에 근거할 가능성이 높고, 자기 이익을 위해 남용되거나 선택적으로 사용될 수 있다고 비판한다. 실제 1994년 7월 프랑스는 르완다 대학살에 뒤늦게 개입했다. 르완다 대학살은 후투족이 투치족 80만여 명을 집단학살한 사건이다. 당시 프랑스는 후투족의 지배를 지지해 왔고, 르완다가 영어권에 편입될 것을 우려했다. 이 때문에 자신들의 국가 이익을 계산했고, 르완다에서 사람들이 죽어나가는 것을 알면서도 100여 일을 방관하고 있었다. 자국의 이해관계가 보편적 인권보다 우선시됐고, 인도주의적 지원이 적절한 시기에 이뤄지지 못해 처참한 일이 벌어진 셈이다.

전쟁 : 국가·군사단체의 조직화된 폭력
내전 : 한 국가 내 VS 국제전 : 두 개 이상의 국가 사이
총력전 : 국력 모두 투입 VS 제한전 : 지역·군사력 등 한정 사용
인도주의적 개입 : 국제사회가 인권보호 목적으로 무력 행사

13

핵확산

'리틀 보이', '팻 맨' 원자폭탄이 제2차 세계대전을 종식시켰다. 1945년 7월 26일 미국·영국·중국은 포츠담선언을 통해 일본의 무조건 항복을 요구했지만 철저히 묵살당했다. 그러자 미국은 1945년 8월 6일 히로시마에 우라늄 폭탄, 8월 9일 나가사키에 플루토늄 폭탄을 떨어뜨렸고 일본은 끝내 굴복했다.

현대전에서 핵무기는 게임 체인저이다. 전차, 장갑차, 대포, 전투기, 공격용 헬기, 전함, 미사일 등 재래식 무기의 열세를 단번에 뒤집을 수 있는 카드이다. 물론 히로시마·나가사키 이후 어느 나라도 공격용으로 핵무기를 사용한 적은 없다. 핵무기 개발의 유인은 오히려 자국을 방어하기 위한 억지력 차원이 크다. 핵보유국을 공격하는 순간 상대방 역시 치명적인 피해를 감수해야 하기 때문이다. 그토록 북한이 국제사회의 제재를 뚫고 핵무기 개발과 보유에 몰두한 이유이다. 핵무기는 핵반응 방식에 따라 핵분열무기(원자폭탄), 핵융합무기(수소폭탄)로 분류된다. 이동수단에 의한 사정거리상으로는 대륙간탄도미사일·잠수함발사탄도미사일·장거리폭격기 등을 전략핵무기, 지상발사단거리탄도미사일·공중발사단거리미사일 등을 전술핵무기라고 부른다.

실제 핵무기 보유는 국가의 생존과 자립을 위한 최후의 보루라는 주장이 있다. 미국의 정치학자 케네스 월츠(Kenneth Waltz)는 "핵무기의 완만한 확산은 아예 일어나지 않거나 급격한 것보다 낫다. 신생핵보유국은 핵사용에 대해 상당히 주의하게 된다. 핵무기 보유 결과 억지력과 방어력이 강화돼 전쟁 가능성이 줄어든다"라고 역설했다. 반면 미국의 정치학자 스콧 세이건(Scott D. Sagan)은 핵 확산에 대해 비판적이다. 군사조직의 특성상 고의 또는 우발적 전쟁이 일어날 가능성이 있다고 지적한다. 이에 향후 핵무기 보유국들이 늘어날수록 통제는 느슨해지고, 군사적 위기 국면에서 쉽게 사용될 수 있다는 것이다.

핵확산금지조약(NPT)은 1969년 6월 12일 국제연합 총회에서 찬성 95표, 반대 4표, 기권 13표로 채택됐다. 미국, 러시아, 영국, 프랑스, 중국의 핵무기 독점보유를 인정하고 다른 나라의 핵무기 개발·도입·보유를 금지하는 내용이다. 핵보유 5개국은 제삼국으로의 기술 이전을 할 수 없고, 점진적인 핵무기 감축이 요구된다. 반면 비핵보유국은 원자력 시설에 대한 국제원자력기구(IAEA)의 핵사찰을 받아야 하는 등 불평등 조약이라는 비판을 받았다. 당초 NPT는 1970년 발효 후 25년 후 연장 여부를 결정할 회의를 개최하기로 했다. 결국 1995년 NPT의 무기한 연장은 당사국 전원합의로 결정됐고, 항구적인 조약으로 자리 잡았다.

현재 공식적으로 인정되는 핵보유국은 미국, 러시아, 영국, 프랑스, 중국이다. 비공식적으로는 인도, 파키스탄, 북한, 이스라엘이 있다. 인도는 NPT에 처음부터 가입하지 않았고 1974년 핵실험을 감행했다. 주요 배경에서는 1962년 중국과의 국경분쟁 패배, 1964년 중국의 핵실험 성공 등이 있었다. 파키스탄은 1965년 인도와의 전쟁을 계기로 비밀리에 핵 개발에 착수했다. 그렇게 1998년 두 차례의 핵실험을 했다. 북한은 2003년 1월 10일 NPT 탈퇴를 선언했고, 2006년 핵실험을 실시했다. 이스라엘은 핵실험은 하지 않았으나 핵무기 보유국으로 인식되고 있다. 남아프리카공화국, 우크라이나, 카자흐스탄, 벨라루스는 한때 핵무기를 보유하고 있었지만 폐기한 상태다. 현재 상당수의 국가들은 원할 경우 언제든지 핵무기를 만들 수 있는 기술을 갖고 있다.

핵확산금지조약(NPT) : 미국 · 러시아 · 영국 · 프랑스 · 중국 독점보유
인정, 다른 나라 핵무기 개발 금지
비공식적 보유국: 인도, 파키스탄, 북한, 이스라엘

14

군비경쟁

러시아-우크라이나 전쟁으로 세계 각국의 군비 경쟁에 불이 붙었다. 냉전 이후 지속돼온 평화의 시대가 끝이 나고, 주요 국가들 간의 신뢰가 추락한 탓이다. 언제든지 비우호적인 주변국으로부터 공격을 받을 수 있다는 공포심에 사로잡히게 됐고, 자국의 주권과 독립은 자력으로만 지킬 수 있다는 믿음이 강해졌다. 설사 전쟁이 발발하지 않더라도 군사력의 우위가 외교상의 협상력을 높이는 무기가 될 수 있다는 인식이 팽배해졌다. 사실상 어느 한쪽도 양보하지 않고 극단으로 치닫는 치킨게임 양상이 벌어지고 있는 셈이다.

실제 2022년 전 세계 국방비는 3000조 원에 육박하며 역대 최고액을 기록했다. 스톡홀름국제평화문제연구소(SIPRI)의 '세계 군비 지출 동향' 보고서에 따르면 전 세계 국방비 지출은 총 2조 2,400억 달러로 전년 대비 3.7% 늘었다. 이는 1988년 이후 최대 규모로, 2015년부터 매년 증가하고 있는 추세다. 국방비 지출 1위는 미국으로 8,770억 달러를 사용했다. 2위는 중국으로 2,920억 달러였는데, 미국과 비교하면 3분의 1에 불과하다. 이어 3위는 러시아(864억 달러) 4위는 인도(814억 달러), 5위는 사우디아라비아(750억 달러), 6위는 영국(685억 달러), 7위는 독일(558억 달러), 8위는 프랑스(536억 달러), 9위는 한국(464억 달러), 10위는 일본(460억 달러)으로 집계됐다. 미국, 중국, 러시아 등 상위 3개국 국방비는 세계 전체의 56%에 달한다. SIPRI는 지난해 유럽의 국방비 지출액 증가세는 냉전 이후 30년 만에 가장 컸고, 앞으로도 증가세를 지속할 것으로 내다봤다. 또한 대만을 둘러싼 긴장감이 고조됨에 따라 아시아와 오세아니아의 군비 지출도 증가세를 보이고 있다고 지적했다.

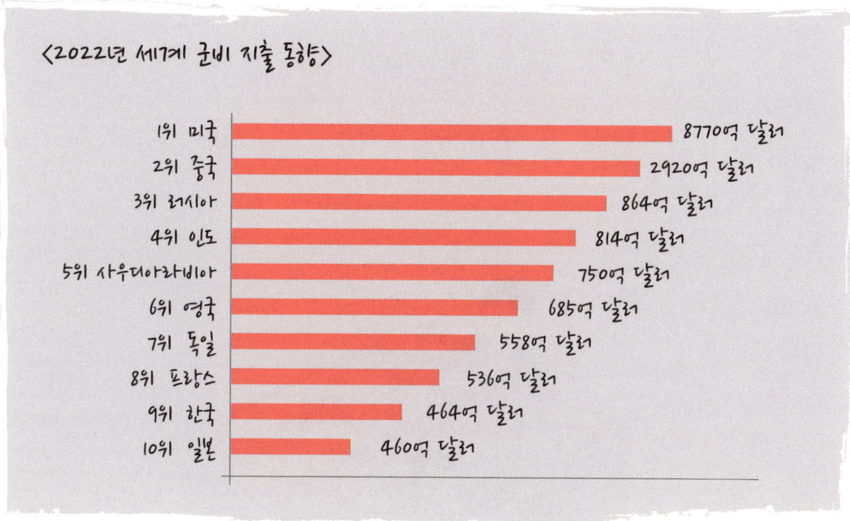

국제정치학에서 게임이론은 합리적 선택을 위한 유용한 이론의 틀로 여겨진다. 여러 종류의 게임이 존재하지만 대중적으로 가장 잘 알려진 것은 '죄수의 딜레마'이다. 해당 게임은 두 명의 용의자가 체포돼 격리돼 조사를 받고 있다고 가정한다. 둘 중 한 명이 자백하면 즉시 풀어주고 나머지는 10년 징역을 산다. 두 명 모두 자백하면 각각 5년을, 자백하지 않으면 6개월을 선고받는다. 두 사람의 최선의 선택은 배신이 되고

5년을 복역하게 된다. 이는 협동했을 때의 6개월보다 나쁜 결과다. 이대로라면 게임이론상 세계적인 군비경쟁은 불가피한 것처럼 보인다.

죄수의 딜레마

		B	
		자백	묵비권
A	자백	둘 다 5년형	A 석방, B 10년형
	묵비권	A 10년형, B 석방	둘 다 6개월형

그러나 일회성 게임이 아니라 반복 게임이라면 상황은 달라진다. 미국의 정치학자 로버트 액설로드(Robert Axelrod)는 죄수의 딜레마 문제 해결을 위해 모의 시뮬레이션 대회를 열었다. 당시 라파포트(A.Rapoport) 토론토대 교수의 팃포탯(tit for tat) 프로그램이 1위를 차지하며, 가장 효과적인 전략임이 입증됐다. 팃포탯은 말 그대로 상대가 가볍게 치면 나도 가볍게 치는 맞대응하는 방식이다. 첫 번째는 무조건 협력을 하고, 두 번째부터는 상대의 선택을 그대로 따라 하면 된다. 여기서 중요한 것은 상대방이 본인의 패턴에 적응할 수 있도록 명확하게 행동해야 한다는 것이다. 결국 배신에는 응징이 있고, 협력에는 보상이 있다면 반복게임에서 모든 사람은 협력을 추구하게 된다. 국제정치는 명백한 반복게임이다. 국제 분쟁 유발에 상응하는 대가는 반드시 이뤄져야 마땅하지만 국제협력 체제를 다시 구축해 나가야 한다는 것에는 이견이 있을 수 없다. 이것이야말로 소모적인 군비경쟁을 멈출 수 있는 유일한 해결책이기 때문이다.

죄수의딜레마 : 자신의 이익만 고려 ⟶ 양측 불리한 결과
팃포탯 : 상대가 가볍게 치면 나도 가볍게 치는 맞대응 전략
반복게임 : 배신=응징, 협력=보상 ⟶ 모든 사람 협력 추구

15

인권

매년 12월 10일은 세계인권선언기념일이다. 이는 1948년 제3회 국제연합(UN) 총회에서 세계인권선언이 채택된 것을 기념하기 위한 날이다. 세계인권선언은 제2차 세계대전 종전을 계기로 인권 말살 행위를 반성하고, 최소한의 기본권을 존중·보장하자는 취지에서 만들어졌다. 1946년 캐나다의 법학자 존 피터 험프리(John Peters Humphrey)가 초안을 작성했고, 해당 선언문의 30개 조항은 세계 각국의 헌법과 법률에 반영돼 있다. 사실상 인권분야에서는 바이블과 같은 존재다.

인권은 인간이라면 누구나 누려야 할 보편적인 권리를 말한다. 세계인권선언은 모든 인간은 태어날 때부터 자유롭고, 존엄과 권리에 있어 동등하다고 규정하고 있다. 인종, 피부색, 성별, 종교, 정치적 견해, 민족 등 어떠한 종류의 차별도 허용하지 않는다. 생명·신체의 자유와 안전에 대한 권리는 보장돼야 하며, 어디에서나 법 앞에 인간으로서 인정받을 권리를 가진다. 사상·양심·종교의 자유, 표현의 자유, 집회·결사의 자유 등 보편적인 권리들이 모두 명시돼 있다.

세계인권선언 : 국제연합(UN) 총회에서 채택된 30개 조항
인권 : 인간이라면 누구나 누려야 할 보편적인 권리

인권의 개념은 3세대에 걸쳐 발전해 왔다. 1세대 인권은 근대 시민혁명 이후 등장한 자유권이다. 개인의 자유와 권리가 국가로부터 간섭받지 않을 것을 요구하면서 노예제 폐지·참정권 확대·여성의 권리 등 정치적인 권리에 집중했다. 2세대 인권은 실질적 평등과 분배에 관한 사회권이다. 국가가 최소한의 의식주, 노동권, 교육권 등의 보장에 나서야 한다는 적극적인 개념이다. 결국 1·2세대 인권은 개인의 존엄을 위해 필수적인 정치적, 경제적, 사회적, 문화적 권리를 포괄하고 있다.

3세대 인권은 집단의 권리를 규정한다. 이러한 점에서 개인에 국한된 1·2세대 인권의 정의와는 분명한 차별점이 있다. 대표적으로 여성·인종 문제, 빈부격차 문제, 환경 문제, 평화권 등에 대한 내용이다. 1981년 6월 27일 아프리카인권헌장(반줄헌장)은 아프리카 나이로비 통

일기구 정상회의에서 채택됐다. 반줄헌장은 공동체가 부와 자연자원을 자유롭게 처분하는 권리를 갖는다고 규정한다. 또한 개인들은 물리적·지적 능력을 통해 자신이 속한 자연적 공동체에 봉사하며, 아프리카의 문화적 가치를 보존·강화하는 의무를 지닌다. 기존 서구적 인권 개념에서 나아가 아프리카의 전통적 가치, 연대 강화 등이 언급된 것이 특징이다.

1세대 인권 : 노예제 폐지, 참정권 확대 등 정치적 권리
2세대 인권 : 최소한의 의식주, 노동권, 교육권 등 사회권
3세대 인권 : 인종, 빈부격차, 환경 문제 등 집단 권리 규정

국제정치에서 인권은 중요한 이슈 중 하나다. 국제연합(UN) 총회 보조 기관으로 인권 이사회(UNHRC)가 있을 정도다. UNHRC은 2006년 6월 인권위원회를 확대·개편된 것으로, 가입국의 인권상황을 정기적이고 체계적으로 검토하고 인권 침해를 해결하기 위해 만들어졌다. UNHRC는 아프리카 13개국, 아시아 13개국, 동유럽 6개국, 남미·카리브해 8개국, 서유럽·기타 7개국 등 47개 이사국으로 구성돼 있다. 이사국은 총회에서 전 가입국의 절대 과반수인 96표 이상을 득표해야 하고, 상위 득표를 얻은 국가가 선임된다. 임기는 3년으로 3번 연임은 하지 못한다.

인권의 의미는 사람마다 조금씩 다르게 받아들여질 수 있다. 그러나 인권이 자유민주주의 가치 위협에 대항하는 개념이라는 공통된 인식은 존재한다. 역사적으로 인권은 특정 집단이나 소수집단에 대한 배제에 맞서 싸워왔고, 대다수의 사람들의 편견에 도전해 왔다. 설사 국가와 문

화의 인식의 차이가 존재할지라도 최소한의 생명권, 자유권, 평등권은 그 누구도 부정할 수 없을 것이다. 앞으로도 인권이 국제정치에서 빼놓을 수 없는 주요 안건으로 논의될 수밖에 없는 이유다.

16

난민

2015년 9월 2일 사진 한 장이 전 세계를 발칵 뒤집었다. 튀르키예 보드룸의 해변에서 세 살배기 아이가 싸늘한 시신으로 발견됐기 때문이다. 아일란 쿠르디 가족들은 내전 중인 시리아에서 탈출을 감행했다. 그들의 최종 목적지는 에게해를 건너 그리스의 코스섬으로 가는 것이었다. 그러나 난민선이 난파되면서 아버지를 제외한 일가족 3명이 목숨을 잃었다. 이 사건은 난민 문제의 심각성을 인식하게 만들었고, 유럽 전체의 난민 정책의 변화를 불러왔다.

난민은 정치·경제·사회적 이유로 박해, 무차별 폭력, 생명안전에 위협으로 자신의 나라를 떠난 사람들을 말한다. 국제사회에서 1951년 난민협약은 모든 논의의 출발점이다. 모든 난민에게 차별 없이 보호가 제공돼야 하고, 최소한의 처우 기준이 준수돼야 한다. 또한 난민의 추방은 매우 심각한 문제로 국가안보·공공질서에 대한 위험을 근거로 예외적인 상황 하에서만 인정되며, 난민 보호는 인도적인 조치이므로 국가 간 긴장을 야기돼선 안 된다. 아울러 난민 문제가 특정 국가에 과중한 부담을 가져올 수 있으므로 국제적인 협력이 필요함을 명시했다.

1967년에는 난민 지위에 관한 의정서가 만들어졌다. 당초 난민협약은 제2차 세계대전으로 인한 유럽 난민 문제 해결에 초점이 맞춰져 있었기 때문에 보완에 나선 것이다. 기존에는 난민의 정의에서 '1951년 이전에 유럽 지역에서 발생한'이라는 문구가 존재하면서 제한적인 보호가 이뤄졌다. 해당 의정서는 난민의 지위 적용에 있어 시간적, 지리적 제한을 없앴다. 이렇게 난민협약과 의정서는 난민의 정의, 법적 지위, 권리와 의무, 생명·자유가 위협받을 곳으로의 강제송환 금지, 유엔난민기구의 관리·감독 등 내용이 담겼다.

유엔난민기구(UNHCR)는 1950년 12월 14일 만들어졌으며, 난민을 보호할 구체적 임무를 부여받은 유일한 국제기구이다. UNHCR은 분쟁지역과 난민 발생 지역에 사무소를 설치하고. 보호와 지원 정책을 펼치고 있다. 정식 난민 지위를 인정받지 못하는 실향민·빈민 구호 활동도 전개한다. 이는 통상 망명 신청자, 무국적 주민, 국내실향민 등이 해당된다. 여기서 국내실향민은 내전 등 국내 분쟁상황으로 자신의 고향을 떠났지만 외국으로 나가지 않은 민간인인데 국제법 보호 밖에 있는 경우를 말한다.

국제적인 난민 문제는 끊이지 않고 발생하고 있다. 난민의 발생의 유형으로는 분쟁, 환경자연재해, 개발, 인신매매에 의한 강제 이주 등이 있다. 실제 제2차 세계대전 이후에도 1947년 인도·파키스탄의 분열로 인한 난민, 1948년 팔레스타인 전쟁으로 인한 난민, 1998년 코소보 사태로 인한 난민 사태 등이 잇따라 발생했다. 현재에도 아프리카, 중동지역의 정치적 불안이 지속되면서 유럽으로의 대규모 이주 시도가 여전하다.

그러나 세계적으로 반난민 정서가 높아지고 있다. 유럽 사회의 난민 수용 능력이 한계에 이르렀고, 경제적 상황이 어려워지면서 난민들이 자국의 일자리와 복지 예산을 빼앗고 있다는 목소리가 높아지고 있기 때문이다. 극우정당들은 다양성·포용성이라는 유럽의 가치를 내던지고 노골적으로 난민 차별에 앞장서고 있다. 당면한 국제 문제를 해결하려고 하지 않고 국내정치용으로만 활용하는 명백한 포퓰리즘이다.

난민 문제에 있어 단순하고 쉬운 해법은 없다. 하지만 원칙적으로 국경과 국적을 초월한 인류애적 시각이 필요하다. 미국의 정치철학자 존 롤스(John Rawls)는 '정의론'에서 무지의 베일이라는 개념을 제시했다. 자신이 국가, 인종, 성별, 지위 등에 있어 어떤 환경에서 태어날지 모르는 상태에서만 가장 공정한 정책 결정이 나올 수 있다. 국제정세가 급변하고 있는 가운데 전 세계인들은 언제든지 자신도 난민이 될 수 있다는 가능성을 배제해서는 안 된다. 이러한 관점에서 각국은 난민 문제 해결을 위해 다시 머리를 맞대고, 새로운 합의를 도출해야 할 때가 됐다.

난민협약 : 모든 난민에게 차별 없이 보호 제공
난민 지위에 관한 의정서 : 난민 지위에서 시간적·지리적 제한 삭제
유엔난민기구(UNHCR) : 난민 보호 임무 부여받은 유일한 국제기구

17

기아와 빈곤

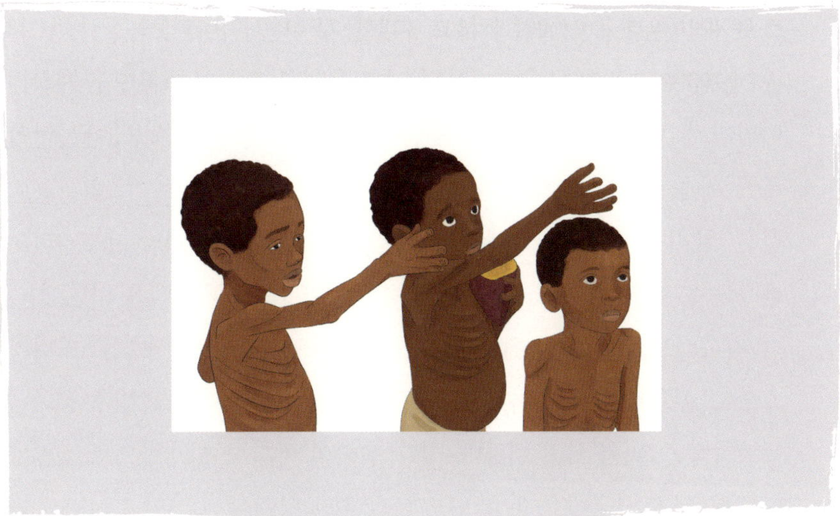

세계 기아인구 7억여만 명. 1945년 이후 세계적인 경제성장이 이뤄졌지만 부유한 국가와 가난한 국가의 격차는 좁혀지지 않고 있다. 선진국에서는 과잉영양 섭취로 인한 비만이 사회적 문제로 대두되고 있지만 아프리카, 서아시아, 카리브해 등 후진국은 굶주림에 시달리고 있다. 수

십 년간 식량 생산은 크게 증가했지만 역설적이게도 기아 인구는 줄지 않고 있다.

기아 문제에 대한 전통적인 시각은 1798년 영국의 경제학자 토마스 맬서스(Thomas Malthu)가 발표한 인구론에 기초한다. 인구는 기하급수적으로, 식량은 산술급수적으로 증가하기 때문에 기아·빈곤은 필연적이라는 주장이다. 그러나 인구론의 예측은 완전히 벗어났다. 역사적으로 농업기술의 발달로 충분한 식량 생산이 이뤄졌고, 1인당 소득 역시 급격히 늘었다. 현대적 시각은 사회 구조적 원인에 집중한다. 전 세계인이 충분히 먹을 만큼의 식량은 생산되지만 자본주의질서의 불평등으로 분배가 제대로 이뤄지지 않고 있다는 것이다.

세계기아지수보고서에 따르면 2015년 이후 세계의 기아인구 개선은 이뤄지지 않고 있다. 세계기아지수는 영양결핍, 아동 저체중, 아동발육부진, 아동사망 등을 측정하며 20 이상은 '심각', 35 이상은 '위험', 50 이상은 '극히 위험' 상태로 분류한다. 남아시아, 사하라 이남 아프리카의 점수는 27로, 가장 높은 기아 수준을 기록했다. 해당 지역은 지난 20년간 지속적으로 높은 수치를 기록했다. 남수단, 니제르, 레소토, 마다가스카르, 부룬디, 소말리아, 예멘, 중앙아프리카공화국, 콩고 민주 공화국 등 9개국은 '위험' 수준이었다. 심각 수준의 국가도 34개국으로 집계됐다. 영양결핍 인구수는 2,017년 5억 7,200만 명에서 2023년 7억 3,500만 명으로 오히려 증가했다.

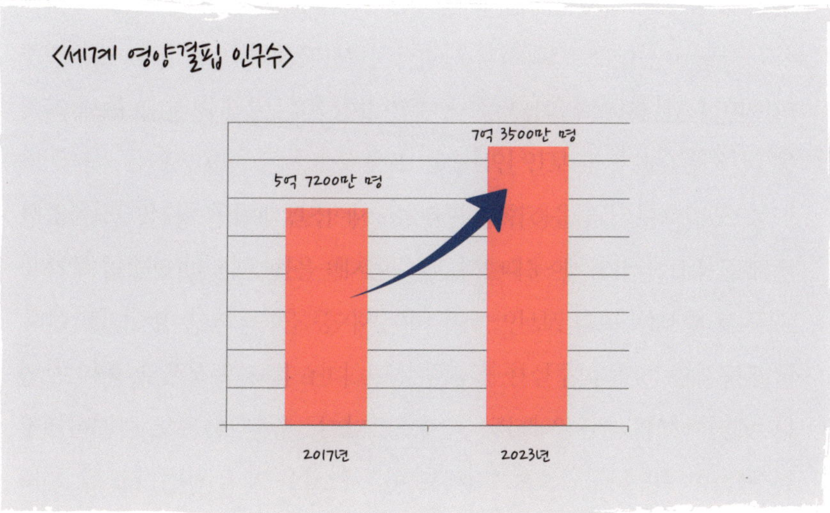

빈곤은 식량, 깨끗한 물, 위생 결핍 등 인간의 존엄성이 침해당하고 있는 상태를 의미한다. 빈곤선은 절대적 빈곤을 측정하는 개념으로, 적절한 생활수준을 수행하는 데 필요한 최소 소득 수준이다. 세계은행은 1993년부터 2005년까지 절대적 빈곤 기준을 하루 1.08달러로 규정했다. 2008년에는 1.25달러, 2015년에는 1.90달러가 됐다. 해당 기준은 학계에서 합의가 이뤄지지 않았고, 빈곤 인구 규모는 더 크다는 지적이 나온다. 실제 세계 인구의 절반가량인 34억 명이 하루 5.5 달러 미만으로 생활하고 있는 것으로 조사됐다.

빈곤에 대한 원인은 두 가지 시각이 있다. 전통적 시각은 빈곤을 물질적 욕구를 채우기 위한 돈을 갖지 못한 사람들로 정의한다. 이들 국가는 낙후된 경제를 시장경제체제로 전환해야 하고, 국가 경제가 성장하면 저소득층의 생활수준도 올라갈 수 있다고 주장한다. 대안적 시각은 빈곤을 아무리 노력해서 물질적 또는 비물질적 필요를 충족할 수 없는 사람들로 규정한다. 스위스의 사회학자 장 지글러(Jean Ziegler)는 빈곤의 원인을 전쟁, 낙후 기술 등 국내적 요인과 다국적 자본, 노동력 착취 등 국제적 요인에 있다고 지적했다.

1960년대부터 남북문제는 동서 간의 이념 대립인 냉전만큼 중요한 국제문제로 인식되기 시작했다. 남북문제는 북반구의 선진공업 국가들과 적도와 남반구의 저개발국가 사이의 경제적 격차를 일컫는 말이다. 국제사회는 개발도상국가에 대한 경제 원조를 지속적으로 벌이고 있다. 해당 사업들은 세계은행, 국제개발협회, 미주개발은행, 아시아개발은행 등이 주도하고 있다. 그럼에도 빈부 격차는 계속 확대되고 있고, 남반구의 자원부국과 빈국 간 경제적 격차가 벌어지면서 남남문제 양상도 나타나고 있다.

<빈곤>

식량, 깨끗한 물, 위생 결핍 등 인간의 존엄성 침해당한 상태

빈곤선은 최소한 필요한 소득 수준, 2015년 기준 1.90달러

세계 인구의 34억 명은 하루 5.5 달러 미만 생활

18

외교정책이론

외교정책은 국가가 국제정치에서 행하는 모든 활동을 의미한다. 이는 지리적 요소, 경제적 요소, 국민여론 등이 큰 영향을 미친다. 모든 외교정책의 목적은 국가이익의 최대화를 추구하는 것이다. 일반적으로 국토수호, 경제번영, 유리한 국제질서 창출 등이 포함된다. 특히 영토주권과 국민의 생명·안전을 지키는 것은 최우선 과제로 여겨진다. 국가안전보장의 일환으로 군사력을 강화하고, 동맹·조약 등을 맺는 이유다.

냉전 시대 때까지만 해도 현실주의의 세력균형론이 득세했고, 외교정책이 군사동맹에 초점이 맞춰져 있었다. 그러나 소련의 붕괴 이후 국제질서가 급변했고, 현실주의 이론으로 설명할 수 없는 상황들이 많아졌다. 과거 외교정책은 비밀성, 전문성, 장기성이라는 특징을 가졌다. 해외정보, 비밀정보, 정책정보에 대한 국가의 독점력이 강했던 탓이었다. 그러나 국제정치의 주요 행위자는 국가뿐만 아니라 기업, 언론, 이익집단, 시민단체, 전문가집단, 개인 등으로 확대됐다. 이제는 외교정책의 상당 부분이 공개된 채로 진행되고, 예전보다 정책 변동성도 높아졌다. 민간영역의 국제정치행위자들이 다양한 정보취득이 가능해졌고, 정부의 통제 밖에서 사회관계망서비스(SNS)를 통해 자유롭게 자신들의 의견을 표출한다. 사실상 민주주의의 확산과 정보통신기술의 발달이 외교정책의 대대적인 변화를 불러일으킨 셈이다.

<외교정책>
국가가 국제정치하는 모든 활동
냉전 시대 때까지만 해도 현실주의 세력균형론 득세
민주주의의 확산, 정보통신기술의 발달로 변화

현대 민주주의 국가에서는 권위주의 시절과 달리 국민여론이 외교정책결정에 가장 중요한 변수가 됐다. 권력자와 정당의 안보정책, 대외인식, 외교전략 등이 선거에서 유권자들의 표심에 많은 영향을 미친다. 양국 간의 외교관계에 있어 정책결정자들이 국내정치상황을 고려하지 않을 수 없게 된 것이다. 1988년 미국의 정치학자 로버트 퍼트넘(Robert Putnam)은 국가 간 협상에 있어 양면게임이론을 제시했다. 첫 단계는 각국 대표 간의 협상, 두 번째 단계는 국내적 합의를 말하는데 이들 간의 상호작용이 필요하다는 것이다. 아무리 정책당국자들이 협상결과를 도출해도 국민들의 반대로 의회의 승인을 받지 못하면 아무런 의미가 없어서다. 이스라엘의 정치학자 알렉스 민츠(Alex Mintz)는 복잡한 외교정책과정을 단순화하기 위해 폴리휴리스틱 모델을 제안했다. 첫 단계는 정책결정자가 국내 정치적 상황에서 수용가능한 선택지의 범위를 고려하는 것이고, 두 번째는 통과된 선택지 가운데 국익을 극대화하는 대안으로 협상하는 구조이다.

국가의 외교적 역량은 단순히 군사력·경제력이라는 하드파워에만 국한되지 않는다. 문화, 예술, 스포츠, 가치 등 소프트파워가 강조되는 시대다. 소프트 파워는 미국의 정치학자 조지프 나이(Joseph Nye)가 처음 사용했으며, 상대국을 힘이 아닌 국가브랜드 강화를 통해 자발적 순응을 유도한다. 이를 테면 K-팝, K-콘텐츠 등 한류 열풍은 강력한 소프트파워로 자리 잡았다. 실제 가수 방탄소년단(BTS)은 2018년, 2020년, 2021년 총 세 차례 걸쳐 국제연합(UN) 총회에서 연설을 하며 대한민국의 국제적 위상을 높인 바 있다. 이와 같이 세계 각국은 자신들의 국가이미지와 브랜드를 높이기 위한 공공외교부문에 힘을 쏟고 있다. 공공외교는 국가가 개인, 기업 등 다양한 민간부문과 손을 잡고 긍정적 성과를 이끌어내는 외교전략 중 하나다.

민주주의국가는 여론이 외교정책의 중요한 변수
외교협상결과 도출해도 의회 승인 없으면 무용지물
소프트파워 : 군사력 아닌 문화·예술 등을 통해 자발적 순응 유도

19

대북정책

대한민국은 남북으로 나뉜 분단국가다. 헌법상 우리나라의 영토는 한반도와 그 부속도서로 하고, 대통령은 자유민주적 기본질서에 입각한 평화적 통일정책을 수립하고 추진해야 한다. 그만큼 대북정책은 국내·국제정치에서 중요한 성격을 지닌다. 그러나 지금껏 일관된 대북정책 추진은 이뤄지지 못했다. 보수정권은 강경정책을, 진보정권은 유화정책을 무조건적으로 펼치면서 군사적 긴장의 고조와 완화가 반복됐다. 두 정책 모두 각각 나름의 합리성을 갖고 있음에도 국제정세와 북한의 상황에 맞게 유연하게 대처하지 못하면서 결과적으로 실패를 거듭해 왔다.

역사적으로 남북은 통일 방안을 지속적으로 추진해 왔다. 1972년 7월 4일 서울과 평양에서 동시에 발표한 7·4남북공동성명은 최초의 남북 합의로, 지금까지도 대북정책의 기본지침이 되고 있다. 해당 합의는 첫째 외세에 의존하거나 간섭을 받음이 없이 자주적으로 해결해야 한다, 둘째 서로 상대방을 반대하는 무력행사에 의거하지 않고 평화적 방법으로 실현해야 한다, 셋째 사상과 이념 및 제도의 차이를 초월해 민족적 대단결을 도모해야 한다 등 자주·평화·민족대단결이라는 3대 원칙을 채택했다. 또한 상호 비방·무력도발 금지, 적십자회담 협조, 남북 직통전화 개설, 남북조절위원회 구성 등이 합의됐다. 이는 냉전이 완화되던 데탕트라는 국제정세의 영향이 컸다. 그러나 7·4남북공동성명은 남한의 유신체제와 북한의 사회주의 헌법 채택 등 독재자들의 권력기반 강화에 이용됐다는 평가를 받는다.

남북기본합의서는 1991년 12월 13일 서울에서 열린 제5차 고위급회담에서 합의됐다. 7·4남북공동성명의 원칙을 재확인하고, 남한과 북한이 나라와 나라 사이의 관계가 아닌 통일을 지향하는 특수 관계라는 것을 명시했다. 서로 상대방의 체제를 인정하고 존중한다, 상대방에 대해 무력을 사용하지 않으며 침략하지 않는다, 경제교류 협력을 실시한다 등 내용이 포함됐다. 1980년대는 소련이 개혁개방을 추진하면서 공산권 국가들이 붕괴되고 있었고 노태우 정부는 중국, 소련, 동유럽, 북한 등과 교류하는 북방외교 정책을 추진했다. 1991년 9월에는 남북이 국제연합(UN)에 동시에 가입하면서 사실상 하나의 민족, 두 개의 체제,

두 개의 정부를 인정했다.

김대중·노무현 정부는 이른바 '햇볕정책'이라는 별칭으로 유명하다. 김대중 대통령이 1998년 4월 3일 영국 런던 대학교 연설에서 처음 사용했는데, 겨울 나그네의 외투를 벗게 만든 이솝우화에서 유래됐다. 6·15남북공동선언은 2000년 6월 13일부터 15일까지 평양에서 열린 김대중 대통령과 김정일 국방위원장의 첫 남북 정상회담의 결과물이다. 양측은 남한의 연합제안과 북측의 낮은 단계의 연방제안에 서로 공통성이 있다고 선언했다. 남북연합은 통일방안의 1단계로, 서로 독립국가로서 협력기구를 제도화하는 것을 의미한다. 반면 낮은 단계의 연방제안은 남북체제의 공존을 인정하면서도 하나의 연방국가가 두 개의 정부를 관할한다는 점에서 차이가 있다. 쉽게 말해 남한은 하나의 민족·두 개의 국가·두 개의 정부를, 북한은 하나의 민족·하나의 국가·두 개의 정부 원칙을 내세웠다. 해당 선언 이후 개성공단 활성화, 이산가족 상봉, 경의선 복원 등이 이뤄졌다. 10·4 남북공동선언은 2007년 10월 2일부터 4일까지 평양에서 노무현 대통령과 김정일 국방위원장 간 채택한 합의다. 1953년 정전협정 이후 대한민국 대통령이 최초로 군사분계선(MDL)을 걸어서 넘어갔고, 전 세계에 생중계되며 이목을 끌었다. 해당 합의는 6·15 공동선언 적극 구현, 상호 존중과 신뢰 관계, 군사적 적대관계 종식과 평화 보장, 경제협력 사업 활성화, 사회문화 분야 교류·협력 등을 핵심으로 한다. 그러나 북한은 화해 분위기를 조성하면서도 2002년 6월 29일 제2연평해전, 2006년 10월 9일 1차 핵실험 등 무력 도발을 감행했다.

이명박 정부의 대북정책은 '비핵·개방·3000'으로 요약된다. 북한이 먼저 핵을 포기하고 개방에 나서면 대북투자를 통해 1인당 국민소득을 10년 후 3,000달러로 끌어올려주겠다는 구상이다. 이에 반발해 북한은 미사일발사, 개성공단 남한 당국자 추방 등을 했다. 남북관계는 지속적으로 악화되면서 2008년 7월 11일 금강산 관광객 피살 사건, 2009년 5월 25일 2차 핵실험, 2010년 3월 26일 천안함 피격 사건, 2010년 11월 23일 연평도 포격전 등 군사도발이 발생했다. 박근혜 정부는 '한반도 신뢰 프로세스'를 제시했다. 해당 정책은 북한의 도발 → 위기 → 타협 → 보상 → 도발의 악순환의 고리를 타파하기 위해 도발에는 강력히 대응하고, 국제적 기준과 모든 합의를 준수하는 관행을 만들어 평화를 구축하자는 주장이다. 이때에도 북한은 2013년 2월 12일 3차 핵실험, 2016년 1월 6일 4차 핵실험, 2016년 9월 9일 5차 핵실험 등을 감행했고, 북한의 전쟁 위협으로 안보 상황이 극한에 치닫기도 했다.

문재인 정부는 '한반도 운전자론'을 내걸었다. 남북관계는 당사자들이 주도권을 쥐고 해법을 찾아나가야 한다는 것으로, 햇볕정책을 계승·발전시킨 개념이다. 2018년 4월 27일 제1차 남북정상회담은 양측 정상 간 3번째 만남으로, 문재인 대통령과 김정은 국무위원장이 판문점에서 회담을 개최했다. 판문점 선언은 완전한 비핵화, 연내 종전 선언, 남북공동연락사무소 개성 설치, 이산가족 상봉 등 항구적 평화체제 구축을 위한 내용이 담겼다. 2018년 제2차 남북정상회담은 5월 26일 판문점에서 제안한 지 12시간 만에 전격적으로 이뤄졌다. 당시 남북은 북미정상회담 개최, 4.27 판문점 선언 조속한 이행 등을 협의하고, 언제든지 필요 시 격의 없이 소통하기로 했다. 2018년 제3차 남북정상회담은 9월 18일부터 9월 20일까지 평양에서 열렸다. 평양공동선언에서는 판문점선언 군사 분야 이행합의서 부속합의서로 채택하고, 한반도를 항구적인 평화지대로 만들기 위한 조치에 합의했다. 9·19 군사 분야 합의서의 주요 내용은 군사분계선(MDL)·서해 북방한계선(NLL) 등 완충구역 설정, 비무장지대(DMZ) 내 감시초소(GP) 시범 철수, 공동경비구역(JSA)

비무장화, 공동 유해 발굴 및 한강하구 공동이용수역 설정, 서해 평화수역·공동어로구역 합의 등이 있다. 2019년 남북미정상회담은 문재인 대통령, 김정은 국무위원장, 도널드 트럼프 대통령이 판문점에서 만난 것으로 미국 현직 대통령이 처음으로 북한 땅을 밟았다. 그러나 북한은 남북 평화 국면에서도 2017년 9월 3일 6차 핵실험, 2020년 6월 15일 남북공동연락사무소 폭파, 2020년 9월 21일 서해 공무원 피살 사건 등 도발을 멈추지 않았다.

윤석열 정부는 2022년 8·15 경축사에서 '담대한 구상'이라는 대북정책을 발표했다. 북한의 비핵화 진전에 발맞춰 경제·정치·군사 분야 조치를 단계적으로 추진하겠다는 전략이다. 북한은 이명박 정부의 비핵·개방·3000의 복사판이라며 "허망한 꿈을 꾸지 말라"라고 비판했다. 북한은 무인기 영공 침범, 탄도미사일 발사 등 군사행동을 이어가고 있다. 통상 북한의 군사도발 시 우리나라에서는 긴급 국가안전보장회의(NSC)가 소집된다. NSC는 국가안보·통일·외교에 대한 최고 의결기구로 대통령 직속 자문기관이다. NSC 의장은 대통령이 맡고, 전체회의를 주재한다. 해당 직무는 국무총리가 대행할 수 있다. NSC위원은 국무총리, 외교부장관, 통일부장관, 국방부장관, 행정안전부장관, 국가정보원장, 대통령비서실장, 국가안보실장, 국가안전보장회의 사무처장(국가안보실 1차장), 국가안보실 2차장 등으로 구성된다.

결국 대북정책은 과정이고, 통일이 최종목표다. 서독은 잇따른 간첩사건과 국내외적 반대에도 불구하고 약 20년간 일관된 동방정책을 폈다. 그렇게 독일은 강대국의 간섭 없이 독자적으로 통일을 이뤄냈다. 우리는 지금까지처럼 대북 제재와 대화를 분리해 하나만 선택하는 과오를 범해서는 안 된다. 이는 국제정치에서 우리의 주도권을 상실하게 만든다. 보수·진보할 것 없이 기본적으로 대화의 문은 활짝 열되, 북한의 군사도발에는 그에 상응하는 대처를 하는 등 유연한 접근이 필요하다. 이렇게 한반도 문제의 내부자로 확고히 자리매김하고, 정책적 연속성을 확보해 나가는 것이 중요하다.

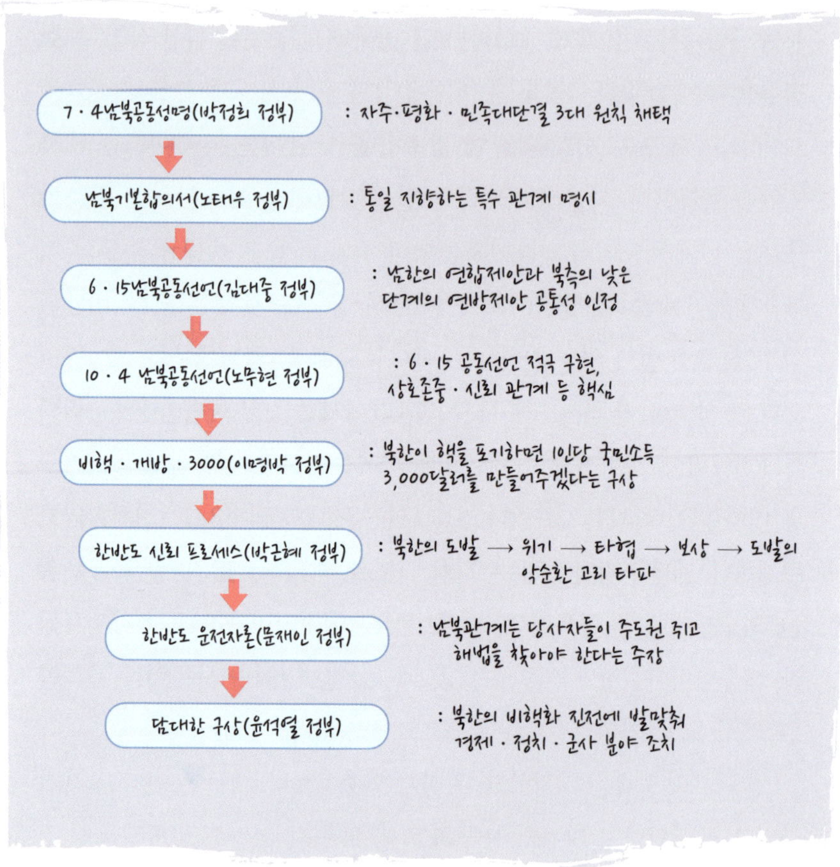

20

한국외교정책

우리나라는 명실상부한 선진국이다. 2021년 7월 유엔무역개발회의는 대한민국의 지위를 그룹 A(아시아·아프리카)에서 그룹 B(선진국)로 변경하는 것을 만장일치로 가결했다. 우리나라의 경제력은 세계 10위권, 군사력은 6위권에 달한다. 과거와 현재의 외교 전략은 분명히 달라야 한다. 그러나 현재 우리에게는 매우 곤란한 국제정세가 전개되고 있다. 세계 패권을 다투는 미국과 중국의 경쟁이 본격화되면서 동북아시아는 이미 '한미일' 대 '북중러'라는 대립구도가 형성되고 있다. 여기서 문제는 우리나라는 안보는 미국, 경제는 중국과 긴밀히 연결돼 있다는 점이다. 자칫하다가는 고래 싸움에 새우 등 터지는 꼴이 될 수 있다.

우리는 신냉전이라는 현실을 직시하고, 일관성 있는 대외전략을 구축해야 한다. 특히 전략적 모호성을 통해 국제정세로 인한 피해를 최소화하고 실리를 추구해야 한다. 가장 최선의 결과는 미국과 중국 사이의 소통창구가 되는 것, 차선은 중립 상태를 유지하는 것, 최악은 양자택일의 상황에 놓이는 것이다. 결국 우리는 미국과 중국 사이에서 어느 편에 설 것인지 확인도 부인도 해주지 않는 외교적 수사인 NCND(Neither Confirm Nor Deny)가 필요한 시점이다. 이는 우리나라와 비슷한 상황에 있는 아세안 국가들과 인도에서 이미 사용하고 있는 전략이다.

대한민국은 한반도를 중심으로 횡축, 종축, 글로벌 차원의 중첩 외교가 필요하다. 횡축 외교는 미국과 중국 모두와 협력을 강화해 나가는 것이다. 기본적으로 미국과의 군사동맹을 튼실하게 유지하면서 경제적 측면에서는 중국하고의 관계를 심화시켜 나가는 방법이다. 우리는 이러한 투트랙 전략을 통해서 미국과 중국 사이에서 적절하게 균형추를 맞춰나가는 외교 전략을 구사할 수 있다. 종축외교는 글로벌 확대 전략이다. 한반도의 북쪽과 남서쪽에 위치한 러시아와 동남아시아를 대상으로 하는 외교로, 미국과 중국에 매달리는 1차원적 외교에서 벗어나 다양한 외교채널을 구축하는 것이다. 예를 들면 6자 회담 등 다자간 협상을 마련한다면 우리의 외교적 자율성은 보다 넓어질 수 있다. 미국과 중국의 갈등으로부터 발생하는 불안정과 불확실성에 대비하는 방법이며, 위험을 분산시킬 수 있는 유일한 수단이다. 더 나아가 강대국과 주변국을 뛰어넘는 외교적 다변화를 통해 독자적인 제3의 길도 모색해 볼 수 있다.

우리나라는 지금까지 국제정치 상황이 변할 때마다 수동적으로 받아들일 수밖에 없는 위치에 있었다. 현재 국제사회에서 우리나라의 위상은 적어도 강대국에 휘둘리지 않고, 원칙을 지켜나갈 정도는 된다. 미국과 중국에 끌려갈 것이 아니라 우리가 원하는 상황을 스스로 만들어 나가는 적극적 주도자가 돼야 한다. 우리의 주권과 관련된 사항이라면 그것이 미국, 중국, 일본뿐만 아니라 그 어떠한 나라를 상대로 하더라도 똑같은 잣대를 적용하며 입장을 분명하게 표명해야 한다. 이를테면 동북공정, 독도 영유권 등에 대해서는 한 치의 양보도 있어선 안 된다. 그렇게 대한민국의 외교적 리더십을 발휘함으로써 중장기적으로는 우호적인 대외환경을 조성해 나가야 한다.

횡축외교 : 미국과 군사, 중국과 경제 협력 강화
종축외교 : 러시아·동남아시아 등 다양한 외교채널 구축
글로벌외교 : 외교적 다변화 통한 제3의 길 모색

에필로그

어느덧 십여 년이 넘은 정치학개론 필기노트를 꺼내 들었다. 사실상 이 책의 뼈대가 된 소중한 자료다. 물론 이것만으로는 부족해서 여러 전공서적들을 사서 읽기 시작했다. 비록 내가 정치학자는 아니지만 기자로서의 경험을 바탕으로 시민들을 위한 민주주의 교과서를 써보겠다고 마음먹었기 때문이다. 어느 정도 각오는 했지만 꽤나 오랜 시간이 걸렸다. 글을 쓰는 것보다 어떤 주제를 넣고 빼야 할지가 가장 큰 고민거리였다.

원래 어릴 때부터 정치에 꽤나 관심이 많았다. 왜였는지는 알 수 없다. 그렇게 대학을 진학할 때 정치외교학과를 선택했고 민주주의에 흠뻑 빠졌다. 나는 정말로 독특한 사례이다. 우리 사회의 대다수는 민주주의에 대해 잘 알지 못한다. 통상적으로 '민주주의=다수결' 수준에 머물러 있다. 왜냐하면 초·중·고등학교 시절 교과과정에서 제대로 배워본 적이 없다. 오로지 국어·영어·수학 문제풀이만 잘하면 됐고, 민주주의는 사회과목의 극히 일부에 지나지 않는다. 주입식 교육은 토론과 합의 역시 익숙하지 않게 만들었다.

대한민국에는 고학력자가 넘쳐나지만 기초적인 민주주의 지식을 갖춘 사람은 찾아보기 어렵다. 이들이 현실정치에 노출되는 순간 특정 정당이나 정치인의 주장을 무비판적으로 받아들이게 된다. 자기 자신의 생각이라고 주장하겠지만 대단한 착각이다. 원래부터 답은 이미 정해져 있고, 그것을 증명하는 데만 몰두했을 것이다. 보고 싶은 정보만 선택적으로 모았기 때문에 당연히 오류는 존재할 리가 없다. 그렇게 나는 맞고, 상대방은 틀렸다는 결론에 이르게 된다. '다름'을 '틀림'으로, 상대방을 부정해 버리는 순간 민주주의는 산산조각이 난다. 프랑스 철학자의 볼테르(Voltaire)가 "나는 당신의 의견에 동의하지 않는다. 그러나 만일 당신이 그 의견 때문에 박해를 받는다면 나는 당신의 말할 자유를 위해 끝까지 싸울 것이다"라고 말한 이유다.

안타깝게도 우리는 '탈진실(Post-truth)'의 시대에 살고 있다. 탈진실은 2016년 옥스퍼드 사전이 올해의 단어로 선정되면서 널리 사용되는 용어다. 당시 도널드 트럼프의 미국 대통령 당선과 영국의 브렉시트(Brexit)로 사용빈도가 급격히 늘어난 시대적 배경이 존재한다. 탈진실은 객관적 사실보다 개인적 신념이나 감정이 여론 형성에 더 큰 영향을 미치는 상황을 가리킨다. 정치 영역에서 진영논리, 포퓰리즘, 무논리적 선동이 성행하는 이유다. 자신이 지지하는 정치인과 후보의 승리만 생각할 뿐 무엇이 진실인지는 중요치가 않은 것이다.

탈진실이라는 시대적 흐름에 발맞춰 가짜뉴스가 사회적 문제로 떠오른 지 오래다. 기성 언론이 아닌 사회관계망서비스(SNS)를 통해 빠르게 전파되고 재생산된다. 각각의 플랫폼들은 '필터버블'이라는 이용자 맞춤형 정보를 제공한다. 진보성향의 이용자에게는 진보적인 콘텐츠를, 보수성향의 이용자에게는 보수적인 콘텐츠를 띄워준다. 사회적으로 다양한 사고를 막고, 개인의 편견과 고정관념이 강화하는 형태다. 그렇게 거짓이 진실을 압도하고, 시민들이 동요가 빈번하게 나타나고 있다.

결국 얄팍한 거짓말, 빈약한 데이터, 일부 진실을 섞어놓은 거짓에 놀아나지 않으려면 스스로 민주주의에 대한 원칙이 확고히 자리 잡아야 한다. 지금까지 우리는 정치체제, 정치사상, 정치제도, 국제정치라는 정치학의 기본 이론을 모두 살펴봤다. 이제 당신의 양손에는 현실 정치를 가늠할 수 있는 최소한의 무기가 주어졌다. 누차 강조하지만 민주주의에 정답은 없다. 어떤 이념이나 제도가 반드시 우월하다거나 열등하다고 말할 수 없다. 민주주의의 틀만 벗어나지 않는다면 어떤 것이든 사회적 합의의 영역일 뿐이다. 부디 우리 사회가 극단적 갈등을 넘어서고, 많은 사람들이 민주주의를 이해하는 데 조금이라도 보탬이 되길 간절히 바란다.

참고문헌

강원택. 〈한국정치론〉, 2023.2.20.

강원택. 〈정당론〉, 2022.2.20.

김계동 · 김태환 · 김태효 · 김현 · 마상윤 · 서정건 · 신범식·유진석 · 윤진표 · 이기범 · 이상환 · 이태동 · 인남식 · 전재성 · 조양현 · 차창훈 · 최진우 · 홍현익. 〈현대외교정책론〉, 2022.8.26.

데이비드 비담. 〈민주주의를 이해하는 여든가지 물음〉, 1997.1.10.

로즈마리 퍼트넘 통. 〈페미니즘 교차하는 관점들〉, 2019.8.28.

벨 훅스. 〈모두를 위한 페미니즘〉, 2017.3.27.

서울대학교 정치외교학부 정치학 전공 교수진. 〈정치학의 이해〉, 2019.3.10.

새뮤얼 헌팅턴. 〈문명의 충돌〉, 2016.2.11.

유현석. 〈국제정세의 이해〉, 2021.1.20.

윤영관. 〈외교의 시대〉, 2015.11.10.

앤드루 헤이우드. 〈국제관계와 세계정치〉, 2013.9.3.

조지 F. 케넌. 〈조지 케넌의 미국 외교 50년〉, 2013.8.6.

조지프 나이. 〈국제분쟁의 이해〉, 2018.12.17.

존 베일리스 · 스티브 스미스 · 퍼트리샤 오언스. 〈세계정치론〉, 2022.8.30.

존 맥코믹 · 로드 헤이그 · 마틴 해롭. 〈비교정부와 정치〉, 2023.3.7.

존 J. 미어샤이머. 〈미국 외교의 거대한 환상〉, 2020.12.30.

테렌스 볼 · 리처드 대거 · 대니얼 I.오닐. 〈현대 정치사상의 파노라마〉, 2019.3.4.

헨리 키신저. 〈헨리 키신저의 외교〉, 2023.8.25.

저자소개

임춘한

대학에서 정치외교학·경제학을 공부했다. 2018년 아시아경제에 입사했고, 정치부·사회부 등을 거쳤다. 대한민국 언론 현실에 좌절감을 느끼면서도 아직은 기자로서 할 일이 남아있다고 믿는다. 좋은 세상을 만드는 데 조금이라도 보탬이 되고자 '나는 왜 쓰는가'에 대해 치열하게 고민하고 있다.

시민의 정치학 : 어른들을 위한 민주주의 교과서

초판발행 2024년 3월 15일

지은이 임춘한
펴낸이 안종만·안상준

편 집 장유나
기획/마케팅 김민규
표지디자인 BEN STORY
제 작 고철민·조영환

펴낸곳 (주) 박영사
서울특별시 금천구 가산디지털2로 53, 210호(가산동, 한라시그마밸리)
등록 1959.3.11. 제300-1959-1호(倫)
전 화 02)733-6771
f a x 02)736-4818
e-mail pys@pybook.co.kr
homepage www.pybook.co.kr
ISBN 979-11-303-1967-4 93340

정 가 23,000원